Programme 2016

Apprendre à mieux écrire

Cycle 2

Françoise Picot
Inspectrice de l'Éducation nationale honoraire

Anne Popet
Conseillère pédagogique

Lea.fr Nathan

Des séquences testées en classe

Les activités conçues par Françoise Picot et Anne Popet ont été testées en classe par 7 enseignants.
Inscrits sur le portail pédagogique Lea.fr, ils ont mis en œuvre dans leur classe les séquences proposées, suggéré des modifications, complété les exercices. Ce **travail collaboratif** a donné lieu à de nombreux échanges entre pairs au sujet des textes produits par les élèves et des difficultés rencontrées.

L'auteure et l'éditeur tiennent à remercier :
Sébastien Calamand, Catherine Coëtmen-Stephan, Marie-Odile Colin, Angélique Fievet, Anne-Gaëlle Minguy, Roselyne Peroche, Francesca Tréguier Buffoli.

@ Retrouvez les documents de l'ouvrage à télécharger sur le portail Lea.fr

Rendez-vous sur le portail Lea.fr / Travail collaboratif / Lab' pédagogique.

Vous pourrez y découvrir toutes les **ressources complémentaires** mises à votre disposition.

- en format Word : les textes ; les corrigés des fiches élèves ;
- en PDF : les fiches élèves ; les images à projeter.

Vous pourrez également dialoguer avec l'auteure et l'interroger.

Coordination éditoriale : Pascaline Citron
Édition : Catherine David
Relecture : Camille Zecchinati
Composition et mise en pages : Sophie Auvin
Couverture : Élodie Breda

Sommaire

Guide pédagogique

Partie 1 : séquences

Partie 2 : projets d'écriture

Présentation de l'ouvrage

Cet ouvrage est conçu pour le cycle 2

Il s'adresse plus particulièrement aux élèves de **CP-CE1-CE2**.
Il comprend une série de séquences dont le déroulement est détaillé ainsi que des fiches élèves pour chaque séquence.

Un apprentissage de la production écrite
fondé sur la complémentarité de deux types de situations d'écriture

Conformément aux indications du programme 2016, l'ouvrage propose deux types de situations d'écriture complémentaires :
- des situations de production d'**écrits courts** pour apprendre à rédiger, à enrichir des phrases et à les organiser en texte ;
- des situations de production d'**écrits longs** pour mettre en œuvre toutes les composantes de l'activité d'écriture dans le cadre de projets d'écriture.

Des textes variés

On apprend à raconter, décrire, informer en écrivant des énumérations, des comptines, des itinéraires, des histoires, des contes, des recettes, des documentaires, des faits divers, des portraits, des évènements vécus...

Le travail proposé couvre une grande partie des activités de production écrite que l'on doit conduire sur les trois années du cycle 2. Cependant ces activités d'écriture doivent être complétées par celles qui sont réalisées quotidiennement après une séquence d'apprentissage, suivant les projets particuliers de chaque classe (lecture ou autres enseignements) et par celles réalisées en fin de semaine pour réinvestir les notions grammaticales étudiées dans la semaine.

Guide
pédagogique

I. Apprendre à mieux écrire

Le terme *écrire* a plusieurs significations. Écrire, c'est maitriser le geste graphique, c'est copier un message conçu par quelqu'un, et c'est produire un texte. C'est dans ce sens (production d'un texte) que le mot *écrire* est envisagé dans cet ouvrage même si une large part est faite à la copie de phrases ou de courts textes.

La production d'un texte, un acte complexe

L'activité d'écriture est désormais bien connue. Ses composantes sont les suivantes :

- **La recherche d'idées et l'organisation d'un texte cohérent**
  Après avoir défini de manière explicite à qui s'adresse le texte, l'usage qui en sera fait et ses finalités spécifiques, des idées sont recherchées. Elles sont organisées de manière cohérente, logiquement suivant une trame, un cadre très large correspondant au type de texte que l'on veut produire, à ce que l'on veut transmettre au lecteur.
- **La rédaction**
  C'est la mise en mots des idées suivant le plan construit dans l'étape précédente. Un texte est élaboré à partir d'énoncés syntaxiquement et orthographiquement acceptables dont la cohésion est assurée par les marques temporelles, l'usage des temps et les procédés de substitution.
- **La révision du texte**
  Elle permet une relecture critique (Le texte correspond-il aux intentions définies au départ ? Est-il cohérent ?) et une mise au point définitive au point de vue syntaxique et orthographique.
- **L'édition du texte**
  Elle est réalisée sur un support adéquat, dans une forme adaptée à son usage.

Ces différentes opérations témoignent de la complexité de l'acte d'écrire et des difficultés des élèves qui résultent de cette complexité. Si l'on veut qu'ils sachent produire des textes, un choix pédagogique s'impose.

Un choix pédagogique

La simultanéité des opérations à gérer pour écrire un texte explique la difficulté des tâches d'écriture. Pour que ces diverses opérations puissent s'effectuer, l'élève doit disposer d'un certain nombre de savoirs sur la fonction du texte à écrire, sur sa structure, sur la manière dont il doit être rédigé. Il doit également mettre en œuvre et coordonner de nombreuses compétences au niveau de l'organisation et de la rédaction du texte.

Il est aisé de comprendre qu'il n'est pas possible de demander d'emblée à l'élève de cycle 2 de se lancer dans la prise en charge complète de la production d'un texte, de la recherche des idées à l'édition. Le rôle de l'enseignant est de l'amener progressivement à cette production.

Avant d'aborder l'organisation des idées suivant une structure, l'élève doit **apprendre à mettre en mots, à rédiger**. C'est l'activité principale du cycle 2.

Apprendre à mettre en mots, à rédiger

Mettre en mots ses idées, c'est d'abord écrire des phrases syntaxiquement structurées en choisissant les termes les plus adéquats, le temps, la personne et le type de phrase suivant l'acte de langage produit. Ces phrases doivent être ensuite enchainées, reliées pour donner une unité, une cohésion au texte. Cet enchainement est réalisé d'une part en utilisant des procédés de reprise, et particulièrement l'utilisation de pronoms et de substituts lexicaux, d'autre part avec les mots de liaison indiquant le temps ou le lieu. Quand le texte est rédigé, il faut relire et améliorer cette mise en mots, c'est-à-dire vérifier la syntaxe, le vocabulaire, l'enchainement des phrases, l'orthographe. C'est un moment important qui permet aux élèves de prendre conscience du texte dans sa globalité et de juger de sa cohérence.

Pour apprendre à rédiger, les élèves travaillent sur des supports à partir desquels les idées sont données et organisées. Ils n'ont ainsi à prendre en charge que la rédaction puisque la composition (la planification) est déjà faite. Dans cette rédaction, l'oral a une part importante.

Une place importante donnée à l'oral

L'oral est présent dans toutes les étapes de la production d'un texte pour susciter des échanges entre les élèves : rechercher des idées, énoncer des phrases syntaxiquement correctes, réviser le texte et proposer des modifications.

Mais l'oral est également l'étape indispensable pour comprendre que l'on n'écrit pas comme on parle et prendre conscience des contraintes de l'écrit. L'élève formule ce qu'il va écrire d'abord en langue orale, puis il produit un énoncé qui peut être écrit, qui respecte les spécificités de l'écrit, spécificités qu'il va ainsi s'approprier peu à peu.

Dire avant d'écrire est nécessaire et l'articulation entre l'oral et l'écrit est présente chaque fois qu'un élève produit une phrase, un texte. La dictée à l'adulte favorise ce passage de l'oral à l'écrit et quand l'élève écrit en autonomie, il doit encore formuler « dans sa tête » les phrases avant de les écrire tant que les contraintes de l'écrit ne sont pas maitrisées et automatisées.

La dictée à l'adulte

La dictée à l'adulte pratiquée au cycle 2 est une aide à l'écriture pour les élèves en difficulté. Elle est dans ce cas pratiquée en petits groupes. Conduite en classe entière, elle est un moyen d'écrire le début d'un texte à partir d'idées données pour lancer l'écriture de la suite en autonomie, de mettre en pratique, avant une écriture autonome, l'utilisation des substituts, des mots de liaison, d'un vocabulaire spécifique ou de certains types de phrases. Elle permet également, après écriture, de modifier un texte en reformulant des phrases syntaxiquement incorrectes, de gérer les incohérences ou d'enrichir le texte.

L'enseignant a un rôle actif : avant d'écrire, il fait expliciter ce que l'élève dit s'il ne comprend pas, il fait reformuler ce qui est dit si la syntaxe n'est pas correcte, il propose certaines corrections, il relit pour faire prendre conscience d'une éventuelle incohérence, il veille à ce que l'élève dicte la ponctuation etc.

Le recours à la dictée à l'adulte dans l'apprentissage de l'écrit est affirmé au cycle 2 dans la perspective d'une continuité avec l'école maternelle.

« Écrire » dans les programmes de 2016

La production écrite est conduite dans un lien étroit avec la lecture, l'étude de la langue et les autres apprentissages.

Les attendus de fin de cycle au niveau de la production d'un texte sont clairs et ambitieux :

- Rédiger un texte d'environ une demi-page, cohérent, organisé, ponctué, pertinent par rapport à la visée et au destinataire.
- Améliorer une production, notamment l'orthographe, en tenant compte d'indications.

Deux compétences sont travaillées :
- Produire des écrits.
- Réviser et améliorer l'écrit que l'on a produit.

Pour compléter ces deux axes, des principes sont définis :
- Dans la continuité de ce qui a été pratiqué à l'école maternelle, **la dictée à l'adulte** est pratiquée aussi longtemps que nécessaire pour les élèves peu autonomes pour écrire.
- **L'identification des caractéristiques** propres à différents types et genres de textes.
- **Des pratiques textuelles variées :** récits, devinettes, comptes rendus synthèses de leçons, réponses à des questions...
- **Une interaction entre la lecture, l'étude de la langue et l'écriture.** C'est en lisant que l'élève s'approprie les caractéristiques principales des différents genres d'écrits à produire, qu'il prend conscience des éléments qui assurent la cohérence du texte. C'est en étudiant la langue qu'il acquiert des connaissances portant sur la ponctuation, sur la syntaxe (la phrase comme unité de sens) et sur les marques de cohésion des textes (connecteurs logiques, temporels, reprises anaphoriques, temps verbaux).
- La production régulière d'**écrits courts** et la production d'**écrits longs** dans le cadre de projets de plus grande ampleur.

La démarche de production de textes est présentée : trouver et organiser des idées, élaborer des phrases qui s'enchainent avec cohérence, écrire ces phrases.

La révision des textes produits est explicitée : repérage des dysfonctionnements dans les textes produits, mobilisation des connaissances portant sur le genre d'écrit à produire et sur la langue, relectures ciblées.

Les choix faits pour le cycle 2 dans ***Apprendre à mieux écrire*** répondent à ces préconisations puisqu'on y trouve de nombreuses activités de mise en texte, des écrits courts et des écrits longs, la mise en œuvre de la démarche de production de textes à partir de textes lus dans les différents domaines d'enseignement et l'accent est mis sur la vigilance orthographique et la révision des productions.

Types et genres de textes

Les textes sont généralement classés suivant leur fonction, celle-ci étant déterminée par les intentions de l'auteur : raconter (type narratif), décrire (type descriptif), rapporter des paroles (type dialogué), apporter, commenter des informations (type informatif et explicatif), donner une opinion (type argumentatif), donner une consigne, un ordre, un conseil (type injonctif). Chaque type de texte est organisé suivant une structure fondamentale spécifique avec des procédés d'énonciation particuliers. Par exemple, le type narratif est structuré en étapes facilement identifiables, il utilise le passé simple avec des indicateurs temporels liés à l'emploi de ce temps...

Cette typologie de textes peut paraître artificielle, car les textes combinent souvent plusieurs fonctions : dans un texte narratif, on retrouve du texte descriptif, du texte dialogué... Mais elle permet, à l'école élémentaire, d'étudier la structure dominante de chaque type de texte.

On parle également de genre de textes : le roman, la poésie, le théâtre, la littérature d'idées, le texte de presse, le texte documentaire et pourquoi pas la bande dessinée. Chaque genre connait des sous-genres : roman policier, d'aventures, historique, science fiction...

Il n'est pas question à l'école élémentaire d'étudier les différents types ou genres de textes de façon abstraite mais d'en approcher quelques caractéristiques dans une perspective de production.

Le projet d'écriture

Sur le site du ministère de l'Éducation nationale, le projet d'écriture est défini ainsi[1] :

« Un projet d'écriture est conduit sur le long terme. C'est un « chantier » d'écriture qui répond à des enjeux didactiques et humains. Collaboratif ou envisagé comme une écriture individuelle filée, il fédère les élèves autour d'un produit final, un « chef d'œuvre », dont le destinataire n'est pas le professeur mais un public lié au projet lui-même et à ses modes de publication (blog, livre numérique, concours de nouvelles ou de poésies, journal de l'établissement etc.). Il impose donc une temporalité spécifique, qui modifie l'ordinaire de la classe. Il se caractérise également par l'articulation entre moments d'écriture individuelle et collective, et par l'étroite association de l'écriture et de la lecture. D'une part, il s'appuie sur des lectures d'auteurs. D'autre part, les écrits de chacun circulent et sont confrontés entre eux, ce qui permet aux élèves d'assumer leur posture d'auteur. Le projet favorise les échanges entre pairs grâce à la variation des situations pédagogiques (travail individuel, par binômes, en groupes, en classe entière) et grâce à l'objectif commun. »

Après un apprentissage de la mise en mots, la conduite de projets d'écriture permet de mettre en œuvre toutes les composantes de l'acte d'écrire.

[1] **http://cache.media.eduscol.education.fr/file/Ecriture/09/3/13_RA_C3_Francais_Ecriture_PROJET_591093.pdf**

II. Des séquences pour apprendre à rédiger

Les **douze séquences** proposées dans l'ouvrage permettent aux élèves d'apprendre à écrire des groupes nominaux, à les enrichir, à écrire des phrases syntaxiquement structurées, à les relier en utilisant des substituts et des indicateurs de temps puis à les organiser en texte d'après une structure donnée. Ils apprennent à rédiger un dialogue puis à l'utiliser pour enrichir un récit. Chaque séquence débouche sur la production d'un écrit réalisé à partir d'idées données, structurées suivant un plan afin que les élèves n'aient à prendre en charge que l'activité de rédaction, la révision du texte étant toujours assurée sous le guidage de l'enseignant.

Des situations d'écriture diversifiées

Elles répondent aux besoins de différents enseignements définis dans les programmes : la découverte du monde avec la rédaction d'itinéraires, la description de paysages, le texte documentaire animalier, le texte informatif historique, la littérature avec les contes, la presse avec le fait divers…

Une démarche

Chaque séquence, composée de plusieurs **séances**, débute par l'analyse des caractéristiques du texte à rédiger. Au cours de chaque séance, de courtes productions écrites ciblées sur les caractéristiques mises en évidence sont proposées. Des indications pour la révision du texte sont données. Une activité décrochée d'étude de la langue peut être proposée pour affiner la compréhension d'une de ces caractéristiques. La dernière séance est une courte production, guidée par l'enseignant, à partir d'éléments donnés et structurés permettant de réinvestir ce qui a été découvert. La production est relue avec l'enseignant et éventuellement modifiée en fonction des manques constatés.

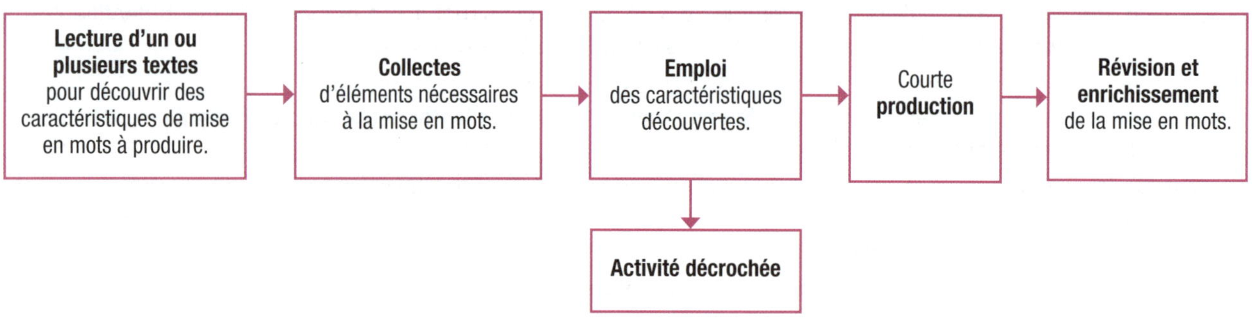

Douze séquences pour apprendre à mettre en mots

Au CP, les élèves écrivent des groupes nominaux puis des phrases.
Au CE1, ils emploient des indicateurs de lieu, d'espace dans des phrases et commencent à rédiger un texte en enchainant des phrases.
Au CE2, ils enrichissent des groupes nominaux et rédigent des textes en enchainant les phrases.
À chaque étape de la production, du CP au CE2, ils révisent, guidés par l'enseignant, ce qu'ils ont écrit.

1. Écrire des groupes nominaux pour compléter une comptine, une énumération
La comptine permet aux élèves, par ses répétitions, de conforter la notion de mots puis d'écrire des groupes de mots simples. Avec l'énumération, les élèves énoncent puis écrivent des groupes nominaux qu'ils peuvent ensuite enrichir d'adjectifs dans le cadre d'une phrase simple.
La séquence comporte sept séances pour découvrir puis compléter la mise en mots des écrits proposés et une séance décrochée en vocabulaire sur le mot étiquette et les mots particuliers.

2. Rédiger des phrases de types différents pour écrire des devinettes
Avec les devinettes sur les animaux, les élèves approchent la phrase déclarative, interrogative et exclamative. Ils en comprennent le rôle et l'organisation sémantique spécifiques.
Les quatre séances proposent aux élèves de lire, reconstituer, dicter à l'adulte et enfin d'écrire des devinettes.

3. Rédiger des phrases syntaxiquement structurées pour décrire une image
Dans cette séquence, les élèves apprennent à rédiger des phrases structurées syntaxiquement avant de pouvoir passer, plus tard, à leur enchainement afin de constituer un texte.
À partir de plusieurs supports, en six séances, les élèves formulent des phrases à l'oral, les dictent à l'enseignant puis en écrivent une ou plusieurs selon leurs capacités, en respectant les caractéristiques graphiques de la phrase : à l'écrit, une phrase commence par une majuscule et se termine par un point.

4. Employer des indicateurs d'espace et les utiliser pour présenter un itinéraire
En découverte du monde, les élèves ont besoin de rédiger des itinéraires dans la classe, dans l'école pour s'approprier ces espaces et donc d'employer des mots les désignant.
Les huit séances de la séquence proposent aux élèves de découvrir des indicateurs d'espace, d'en comprendre le rôle et de les employer ; une séance décrochée en découverte du monde en permet l'utilisation dans une situation concrète.

5. Employer des indicateurs de temps et les utiliser pour raconter une histoire
Dans un récit, des mots, des groupes de mots organisent la temporalité (moment, date, simultanéité, succession...). Au cours de sept séances, les élèves identifient, collectent, emploient des indicateurs de temps pour situer les évènements dans une histoire écrite à partir d'images séquentielles.

6. Utiliser des verbes et des mots de liaison pour expliquer une recette
Avec cette séquence, les élèves apprennent à formuler des phrases avec des verbes indiquant des actions à réaliser et à les enchainer avec des mots de liaison (essentiellement des indicateurs de temps) pour constituer un texte présentant les étapes d'une recette.
Quatre séances permettent aux élèves de connaitre la structure et la mise en mots d'une recette avant d'en compléter puis d'en écrire une au présent. Une séance décrochée sur le présent des verbes en *–er* en conforte l'acquisition.

7. Enchainer des phrases pour écrire un texte narratif et l'enrichir lexicalement
Dans les séquences précédentes, les élèves ont appris à rédiger des phrases, à employer des indicateurs de temps ; c'est le moment pour eux de réinvestir ces acquis dans l'écriture d'un texte à partir d'images séquentielles. Ils apprennent également à utiliser des substituts pronominaux ou lexicaux pour nommer différemment les personnages.
Ce sont les illustrations d'une fable de La Fontaine « Le Renard et la Cigogne », qui sont les supports pour l'écriture de ce texte en six séances.

8. Écrire les paroles prononcées par des personnages dans un récit
Dans un récit, des échanges de paroles entre personnages (un dialogue) alternent souvent avec des passages de narration et de description. Ce passage au discours direct provoque une rupture dans le rythme du récit, il réveille l'intérêt et rend le récit plus vivant.
Dans cette séquence composée de cinq séances, les élèves approchent les caractéristiques du dialogue à partir d'échanges entre des personnages de contes, poursuivent un dialogue commencé puis l'insèrent dans un récit.

9. Enrichir des groupes nominaux pour écrire un portrait
À partir de portraits en images et en texte, les élèves rédigent des phrases en employant des groupes nominaux qu'ils enrichissent pour apporter toutes les précisions nécessaires à une véritable description des personnes ou des personnages. Cinq séances débouchent sur la rédaction d'un portrait, et une séance décrochée en vocabulaire sur la manière de créer des images avec des mots apporte des éléments nécessaires à la mise en mots.

10. Écrire et relier les phrases d'un texte documentaire sur les animaux
Avec des textes informatifs sur les animaux, au cours de huit séances, les élèves découvrent le rôle des substituts lexicaux dans l'apport d'informations, ils apprennent à présenter et relier ces informations pour ensuite mettre en mots un texte. Une séance décrochée fait le lien entre ces informations et les groupes nominaux étudiés en grammaire.

11. Écrire et relier les phrases d'un texte relatant un fait divers
La rédaction de faits divers en cinq séances conduit à rédiger des phrases en répondant aux questions qui structurent ces faits puis à constituer un texte en employant des substituts et des mots de liaison pour enchainer les phrases et assurer la cohérence du récit. Une séance décrochée apporte les connaissances nécessaires sur le passé composé, temps employé dans le fait divers.

12. Rédiger des phrases et les organiser pour écrire un texte racontant une histoire
C'est une bande dessinée qui sert de support au réinvestissement des acquis sur la phrase et l'organisation du texte avec des substituts et des indicateurs de temps Avec cette séquence qui se déroule en six séances, les élèves apprennent à mettre en mots un récit en respectant plusieurs étapes : rédiger des phrases, les relier avec des substituts puis avec des indicateurs de temps, enrichir le texte.

III. Des projets d'écriture

Après s'être exercés à mettre en mots un texte, à le réviser, les élèves peuvent mettre en œuvre toutes les composantes de l'acte d'écrire avec les trois projets d'écriture proposés : le compte rendu d'évènements vécus, le conte à structure répétitive, le texte informatif historique.

La démarche de projet

Pour qu'il y ait démarche de projet, les élèves doivent connaitre et savoir expliciter les enjeux de l'écriture et les savoirs à construire. Ils doivent être étroitement associés à la construction des savoirs. Il n'est pas nécessaire que les élèves aient l'initiative du projet, ce qui est important c'est leur implication dans une tâche d'écriture qui a du sens pour eux et dont ils perçoivent l'enjeu.

Le projet peut porter sur la production d'un écrit social portant dans sa définition, son rôle et sa destination comme le conte pour la bibliothèque de l'école ou sur la production d'un écrit scolaire comme le compte rendu d'évènement vécu ou le texte informatif historique.

Le projet exige une anticipation de ce qui est attendu et l'articulation dans la durée d'actions successives : prévoir ce que l'on va faire, le réaliser, l'évaluer, l'améliorer, le mettre au point, le communiquer.

La démarche de production

La démarche de production lie intimement les activités d'écriture aux activités de lecture et d'étude de la langue. On commence en effet par observer des textes du type de celui que l'on veut produire et en dégager les caractéristiques au niveau de sa structure et des procédés linguistiques utilisés pour sa rédaction. Ces caractéristiques, pour qu'elles soient comprises et intégrées, doivent être utilisées dans de courtes situations de production écrites ciblées. C'est alors l'occasion d'apprendre à réviser les écrits produits. Le lexique à employer fait l'objet d'une recherche guidée par l'enseignant, il est conservé sur des affiches qui doivent être de véritables outils d'aide à la production écrite.

Quand la structure, les procédés linguistiques, le lexique propres au texte à produire sont découverts et maitrisés, les élèves recherchent des idées correspondant au projet, les organisent suivant la structure dégagée puis mettent en mots le texte.

Ils le relisent en utilisant les outils construits à cet effet, l'améliorent sous le guidage de l'enseignant puis l'éditent. Tout au long du projet, des activités décrochées peuvent être conduites en étude de la langue pour conforter les savoirs nécessaires à la rédaction.

La démarche de production dans le cadre d'un projet peut être schématisée ainsi :

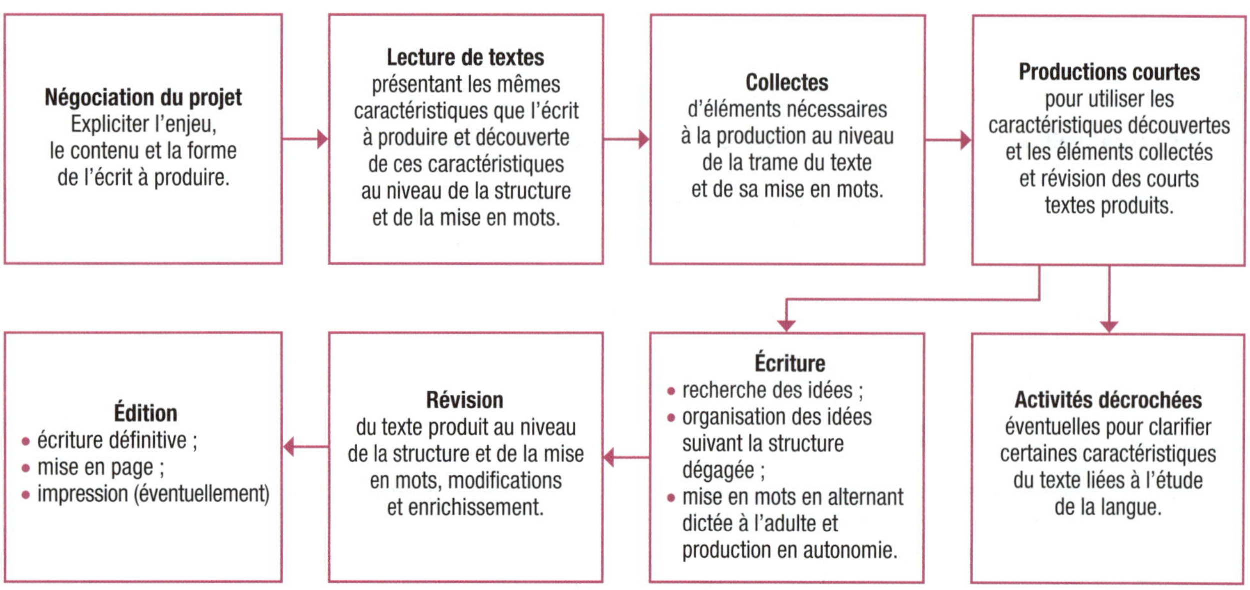

Trois projets d'écriture

1. Le compte rendu d'évènements vécus

Dans le cadre de la vie de classe, les élèves vivent de menus évènements qu'ils peuvent raconter dans un journal, sur un blog etc. Dans le cadre du projet d'écriture, ils vont apprendre à les rédiger. À partir de textes relatant des évènements vécus par des classes, ils en découvrent les caractéristiques, utilisent ce qu'ils ont découvert pour compléter des comptes rendus. Puis ils choisissent un évènement qu'ils ont réellement vécu et en écrivent le compte rendu, guidés par l'enseignant.

Le projet se déroule sur six semaines.

2. Un conte à structure répétitive

À la suite de la lecture de conte à structure répétitive, les élèves imaginent un conte et le rédige pour le communiquer à d'autres élèves. Pour cela, ils s'appuient sur la trame narrative dégagée lors de la lecture de trois contes. Les élèves collectent les éléments nécessaires à la narration au niveau du lexique et des indicateurs de temps qu'ils réemploient dans de courtes situations de production écrite avant d'écrire leur conte.

Le projet se déroule sur sept semaines.

3. Un texte documentaire à dominante historique

Les élèves apprennent à structurer, à mettre en mots, à réviser et à présenter des textes documentaires à partir d'informations sur la vie quotidienne au temps des rois. Ces informations, dans un aller-retour passé/présent, sont apportées par la lecture d'œuvres datant de cette époque et portant sur plusieurs thèmes : se déplacer, jouer, aller à l'école, se nourrir, travailler dans les champs. Pour chaque thème, un texte documentaire est réalisé en laissant de plus en plus d'autonomie aux élèves dans la production.

Le projet se déroule sur dix semaines.

IV. Programmation des activités proposées dans l'ouvrage

Ces activités (séquences et projets) sont complémentaires de celles conduites à la suite des séances de **lecture** de textes permettant d'en conforter la compréhension. Elles sont ainsi complémentaires de l'activité de production écrite qui clôture l'**étude de la langue** au CE1 et au CE2 chaque semaine.

CP

Période 1	
Période 2	**Séquence 1 : Écrire des groupes nominaux pour compléter une comptine, une énumération**
Période 3	**Séquence 2 : Rédiger des phrases de types différents pour écrire des devinettes**
Période 4	**Séquence 3 : Rédiger des phrases syntaxiquement structurées pour décrire une image**
Période 5	**Projet 1 : Écrire un texte racontant un évènement vécu par la classe**

CE1

Période 1	**Séquence 4 :** Employer des indicateurs d'espace et les utiliser pour présenter un itinéraire
Période 2	**Séquence 5 :** Employer des indicateurs de temps et les utiliser pour raconter une histoire
Période 3	**Séquence 6 :** Utiliser des verbes et des mots de liaison pour expliquer une recette **Séquence 8 :** Écrire les paroles prononcées par des personnages dans un récit
Période 4	**Séquence 7 :** Enchainer des phrases pour écrire un texte narratif et l'enrichir lexicalement
Période 5	**Projet 2 :** Écrire un conte à structure répétitive

CE2

Période 1	**Séquence 9 :** Enrichir des groupes nominaux pour écrire un portrait **Séquence 10 :** Écrire et relier les phrases d'un texte documentaire sur les animaux
Période 2	**Séquence 10 :** Écrire et relier les phrases d'un texte documentaire sur les animaux
Période 3	**Séquence 11 :** Écrire et relier les phrases d'un texte relatant un fait divers
Période 4	**Séquence 12 :** Rédiger des phrases et les organiser pour écrire un texte racontant une histoire **Projet 3 :** Écrire un texte documentaire à dominante historique
Période 5	**Projet 3 :** Écrire un texte documentaire à dominante historique

PARTIE 1
Séquences

Séquence 1

Écrire des groupes nominaux pour compléter une comptine, une énumération CP

> Il s'agit dans cette séquence d'apprendre à énoncer puis écrire des groupes nominaux dans une comptine ou dans une énumération.

Informations théoriques

Une comptine est une sorte de poème chanté ou parlé reposant sur des jeux de langage. La comptine était autrefois utilisée pour désigner dans un groupe, les participants à un jeu. Dans cette séquence, les élèves comprennent comment la comptine est organisée, et celle-ci sert de support ludique pour écrire.

L'énumération est une figure de style que l'on trouve dans tous les types d'écrits. C'est une liste d'au moins trois éléments visant à détailler les parties d'un tout que l'on cherche à décrire. Un exemple célèbre, le vers de La Fontaine : *Adieu, veau, vache, cochon, couvée !* Des virgules séparent les éléments de l'énumération et le dernier élément peut être introduit par la conjonction *et*. C'est ce cas qui est étudié dans cette séquence.

Supports pour l'écriture

- La comptine ***Sur le fil à sécher le linge***.
- L'album ***Un grand cerf***, Martine Bourre, Didier jeunesse.
- Des énumérations.
- Les fiches élèves 1 à 3.

Connaissances et compétences associées

- Commencer à mettre en œuvre une démarche de production écrite : rechercher des idées, écrire, réviser.
- Élaborer une phrase.
- Enrichir des groupes nominaux.
- Réviser et améliorer l'écrit produit.

SÉANCE 1 > Comprendre l'organisation de la comptine « Sur le fil à sécher le linge »

- Dire la comptine ***Sur le fil à sécher le linge*** aux élèves, la faire dire phrase par phrase jusqu'à mémorisation.

Sur le fil à sécher le linge

Il y a un pantalon
c'est à mon cousin Gaston.
Sur le fil à sécher le linge
il y a un pullover
c'est celui de Philibert.
Sur le fil à sécher le linge
il y a quatre chaussettes
deux à moi, deux à Josette.
Sur le fil à sécher le linge
il y a une p'tite culotte
c'est à mon amie Charlotte.

Faire remarquer la répétition du groupe *Sur le fil à sécher le linge*. Puis faire repérer les rimes :

pantalon – Gaston
pullover – Philibert
chaussettes – Josette
culotte – Charlotte

Remarquer qu'il y a un habit et un prénom.
Faire compter le nombre de syllabes pour chaque vers : 7

- Donner la **fiche élève 1** aux élèves et dire la comptine paragraphe par paragraphe en faisant suivre avec le doigt. Remarquer que chaque paragraphe correspond à une phrase. Mettre en couleur le point, à la fin de chaque phrase. Indiquer que les mots en vert sont les mots qui désignent les habits et que les prénoms sont en bleu. Lire les étiquettes avec les prénoms puis les faire découper. Rechercher collectivement le prénom qui pourrait remplacer *Gaston* en s'aidant de la fin en gras du mot. Faire de même pour les trois autres prénoms et coller les étiquettes dans les cadres prévus à cet effet. Redire la comptine avec les nouveaux prénoms.
- Réviser la comptine produite en vérifiant si les prénoms riment avec les noms des vêtements.

SÉANCE 2 > Compléter la comptine

- Redire la comptine ***Sur le fil à sécher le linge***.
  Rechercher oralement des mots désignant des habits qui pourraient sécher sur le fil à linge :
  manteau – bonnet – gant – collant – pyjama – chemise – maillot de bain – robe- chapeau – anorak…
  Puis chercher des pronoms qui pourraient rimer :
  Enzo – René – Nathan – Clément – Emma – Anne-Lise – Gabin – Jacob – Mattéo – Isaac…
- Par groupe de quatre, les élèves choisissent un habit et un prénom qui riment. Ils disent le paragraphe de la comptine avec le nouvel habit et le nouveau prénom. Vérifier le nombre de syllabes et ajouter éventuellement un adjectif. L'enseignant passe dans chaque groupe et écrit sur une affiche la nouvelle comptine obtenue, sous la dictée des élèves.

SÉANCE 3 > Comprendre l'organisation de la comptine « Le grand cerf »

- Dire la comptine ***Dans sa maison, un grand cerf*** aux élèves, la faire dire jusqu'à mémorisation.
  Puis la projeter ou l'écrire au tableau (Lea.fr).

  La lire en montrant chaque mot. Faire retrouver les noms des animaux (en vert), le nom de l'habitation (en bleu) et les paroles des animaux. Remarquer qu'il y a trois phrases. Les paroles sont introduites par un tiret et terminées par un point d'exclamation qui traduit pour le lapin, la peur et pour le cerf, la joie de rendre service et de ne plus être seul face au chasseur. Faire entourer les signes de ponctuation : le point, les tirets, les points d'exclamation.

Dans sa maison un grand cerf

Dans sa **maison** **un grand cerf**
regardait par la fenêtre
un lapin venir à lui
et frapper chez lui.
— **Cerf, cerf**, ouvre-moi
ou le chasseur me tuera !
— **Lapin, lapin**, entre et viens
me serrer la main !

- Projeter et observer l'image extraite de l'album ***Un grand cerf*** (Lea.fr).
  Lire le texte aux élèves. Nommer l'animal dans son habitation (le morse), le nom de cette habitation (un igloo), l'animal qui a peur du chasseur (un manchot).

  Faire remarquer que c'est un animal marin reconnaissable à ses grandes défenses. Indiquer que le manchot ressemble au pingouin mais qu'il ne sait pas voler. Constater qu'il n'y a que la première partie de la comptine, la faire continuer oralement sur le modèle ci-dessous projeté ou écrit au tableau. Écrire, sous la dictée des élèves, les noms des animaux.

— ...., ..., ouvre moi
ou le chasseur me tuera !
— ...., ..., entre et viens
me serrer la main !

Faire constater que les illustrations de l'album sont des photographies de collages réalisés en trois dimensions : l'igloo est représenté par un légume, le pâtisson.

- Montrer aux élèves l'album de Martine Bourre dans son intégralité. Énumérer les personnages : le lapin et le cerf, le manchot et le morse, le renard et l'ours, la pintade et le zèbre et enfin la sorcière et le chasseur que la sorcière transforme en lapin. Lister les habitations : *maison – igloo – château – palais*.
  Faire dire la comptine correspondant à chaque illustration.

SÉANCE 4 > Compléter la comptine

- Proposer aux élèves de continuer la comptine avec d'autres habitations (*un immeuble - un tipi - une tente - un chalet - une cabane - une yourte - une maison japonaise - une hutte - une case - une grotte - une isba - une caravane - etc*) et d'autres animaux. Chaque élève choisit une habitation et deux animaux puis dit à voix haute la comptine obtenue.
- Réaliser la **fiche élève 2**. Lire ce qui est écrit sur les étiquettes bleues : ce sont les noms des habitations. Sur les étiquettes vertes, ce sont les noms d'animaux. Demander aux élèves de choisir une habitation parmi les étiquettes bleues et d'écrire le nom de cette habitation à sa place dans la comptine. Choisir ensuite deux animaux et écrire leur nom à leur place. Demander de faire attention aux majuscules pour certains noms d'animaux dans les paroles prononcées. Éventuellement, aider les élèves à tracer les majuscules.
  Réviser la comptine produite en vérifiant que les noms d'animaux et le nom de l'habitation sont bien placés, que les majuscules ou minuscules sont réalisées au bon endroit.
  Il est possible de faire réaliser en arts plastiques, une page d'album à la manière de Martine Bourre, à partir des comptines produites, en recherchant les matériaux nécessaires pour réaliser l'habitation choisie et les animaux, en les collant puis en prenant en photo le collage réalisé dans une classe de CP-CE1 comme ci-dessous.

Sous son chapiteau un zèbre
regardait par la fenêtre
un serpent venir à lui
et frapper chez lui.
— Zèbre, zèbre, ouvre-moi
ou le chasseur me tuera !
— Serpent, serpent, entre et viens
me serrer la main !

SÉANCE 5 > Comprendre l'organisation d'une énumération
(à réaliser quand les élèves sont capables de déchiffrer)

- Projeter la phrase ci-dessous et la lire aux élèves (Lea.fr). Demander où se trouve Léo et quels animaux il voit.

Au zoo, Léo a vu un crocodile, un gorille et un panda.

Dire le nom des animaux. Observer la majuscule au début de la phrase et le point à la fin. Remarquer également la virgule qui sépare chaque groupe de mots et le petit mot *et* qui relie les deux derniers groupes de mots. Mettre ces signes de ponctuation en couleur ainsi que le mot *et*. Chercher d'autres animaux que Léo aurait pu voir au zoo. Les ajouter ainsi dans la phrase pour montrer le rôle des virgules et celui de *et*.
Faire énoncer à l'oral des énumérations pour dire ce que l'on mange au petit déjeuner, à la cantine, ce que l'on a dans son sac etc. Marquer une pause correspond à la virgule entre chaque groupe de mots et employer le mot *et* pour relier les deux derniers groupes de mots.

- Projeter la phrase ci-dessous (Lea.fr). Constater que ce sont les mêmes animaux que dans la phrase précédente mais que des informations ont été apportées sur la taille ou le caractère des animaux.

Au zoo, Léo a vu **un crocodile coléreux, un grand gorille gourmand et un petit panda.**

- Réaliser l'**activité 1** de la **fiche élève 3**.

SÉANCE 6 > Écrire une énumération

- Projeter à nouveau la phrase (Lea.fr) :

Au zoo, Léo a vu **un crocodile coléreux, un grand gorille gourmand et un petit panda.**

Faire remarquer qu'il peut y avoir deux précisions pour un animal, la précision peut être placée devant ou derrière le nom de l'animal. Relire la phrase aux élèves pour qu'ils énoncent les précisions apportées sur les animaux : *le crocodile est coléreux* (il fait des colères), *le gorille est grand et gourmand, le panda est petit*.

- Faire remarquer **(activité 2)** que le mot qui désigne l'animal et celui qui apporte une précision commencent par le même son et la même lettre :
  [k] → c ; [g] → g ; [p] → p
- Réaliser l'**activité 3** : lire les mots dans les étiquettes ; constater que certains désignent des animaux et d'autres des précisions apportées sur les animaux. Faire entourer la première lettre de chaque mot et dire un groupe de mots composé d'un animal et d'une précision. Faire remarquer que *magnifique* peut être placé avant ou après le nom de l'animal.
- Réaliser l'**activité 4** : lire les groupes de mots qui désignent des animaux et les informations données sur ces animaux. Expliquer les mots dont les élèves pourraient ne pas maitriser le sens. Puis laisser les élèves qui en sont capables compléter l'énumération en autonomie, accompagner les autres.
  Réviser la phrase écrite en vérifiant le point final, les virgules, la présence de *et*. Vérifier également que dans les groupes de mots écrits, le nom de l'animal et l'information donnée sur l'animal commence bien par la même lettre.

SÉANCE 7 > Activité décrochée de vocabulaire

- Réaliser une séquence de vocabulaire sur les mots étiquettes et les mots particuliers à partir des noms d'animaux, d'habits, d'habitations employés dans cette séquence.
  Réaliser trois ensembles : **habit**, **animal**, **habitation**. Les compléter.

habit	animal	habitation
manteau	lapin	immeuble
bonnet	cerf	tipi
gant	manchot	tente
collant	morse	chalet
pyjama	renard	cabane
chemise	ours	yourte
maillot de bain	pintade	hutte
robe	zèbre	case
chapeau	serpent	grotte
anorak	crocodile	isba
pantalon	gorille	caravane
pullover	panda	
chaussette	renard	
culotte	canard	
	mouton	

Il est possible ensuite de faire des sous groupes :
animal sauvage/animal domestique – animal marin/animal terrestre – habit d'été/habit d'hiver – etc.

- Faire retrouver des noms dans ces listes à partir de devinettes en employant le mot étiquette :
  je suis un animal qui a un long cou – je suis une habitation sur roue – etc.
  Garder cette liste de noms sur une affiche.

NOM : ....
Prénom : ....

Fiche élève 1

Sur le fil à sécher le linge

Sur le fil à sécher le linge
il y a un pantalon
c'est à mon cousin Gaston.

Sur le fil à sécher le linge
il y a un pullover
c'est celui de Philibert.

Sur le fil à sécher le linge
il y a quatre chaussettes
deux à moi, deux à Josette.

Sur le fil à sécher le linge
il y a une p'tite culotte
c'est à mon amie Charlotte.

✂ ....

Aldebert	Louisette	Léon	Lis'lotte

Fiche élève 2

NOM : ....

Prénom : ....

Dans sa maison un grand cerf

Dans ______ ______

regardait par la fenêtre

______ venir à lui

et frapper chez lui.

– ______ , ______ , ouvre-moi

ou le chasseur me tuera !

– ______ , ______ , entre et viens

me serrer la main !

✂ ....

 son immeuble	 sa grotte	 sa tente
 une girafe Girafe	 un écureuil Écureuil	 un tigre Tigre
 un lion Lion	 une vache Vache	 un chameau Chameau

NOM : ....

Prénom : ....

Fiche élève 3

Au zoo, Léo a vu un crocodile coléreux,
un grand gorille gourmand et un petit panda.

1.a. Complète chaque groupe de mots qui indique ce que Léo a vu.

un ....

un ....

un ....

b. Ajoute la virgule et le mot qui séparent les noms des animaux.

Au zoo, Léo a vu un crocodile coléreux [...]
un grand gorille gourmand [.........] un petit panda.

2. Entoure la lettre qui est la même au début de chaque mot.

crocodile coléreux – grand gorille gourmand – petit panda

3. Choisis un animal et un renseignement qui commencent par la même lettre. Écris-les.

renard – canard – mouton	magnifique – rusé – coquin

un ....

4. Complète l'énumération en choisissant parmi les mots suivants :

souris – éléphant – dromadaire tigresse – chameau – rat	sérieuse – distrait – énorme – endormi charmant – rêveur – terrible – têtue

Au zoo, Léo a vu un .... [ ]

une ....

[ ] un ....

Séquence 2

Rédiger des phrases de différents types pour écrire des devinettes

CP

> Il s'agit dans cette séance d'amener les élèves à comprendre comment se structure une devinette en commençant par en lire, puis en apprenant de façon progressive à en écrire.

Informations théoriques

Une devinette fournit au lecteur des informations qui lui permettent de la résoudre. Mais il faut doser les informations. Lire une devinette et la résoudre suppose de prendre en compte successivement les phrases qui mènent à sa résolution. Élaborer une devinette comporte la mise en mots de traits caractéristiques. Il s'agit d'évoquer un univers dans lequel l'élément à découvrir prend sens. Ceci nécessite de replacer le mot à trouver dans un ensemble de connaissances et d'organiser le message de façon à proposer des éléments pertinents propres à mettre le lecteur sur la piste du mot à découvrir.

Supports pour l'écriture

- Les textes de devinettes.
- Les phrases et groupes de mots à remettre en ordre.
- Les images d'animaux.
- Les fiches élèves 1 à 4.

Connaissances et compétences associées

- Lire et comprendre des devinettes.
- Découvrir l'organisation du texte.
- Rédiger des phrases syntaxiquement structurées.
- Rédiger des phrases de types différents.
- Ponctuer des phrases déclaratives, interrogatives et exclamatives.
- Réviser et améliorer l'écrit produit.

SÉANCE 1 > Lire des devinettes et les comparer

La première devinette est projetée ou affichée au tableau et accompagnée de l'image correspondante (Lea.fr).

Il a deux bosses sur le dos.
Il aime marcher dans le sable.
Il peut rester longtemps sans boire.
Qui est-ce ?

- Demander à quatre élèves de lire, chacun, à la classe, une phrase du texte. Repérer que ce texte se termine par un point d'interrogation. Introduire le mot *devinette* en précisant qu'il faut répondre à la question posée. Résoudre collectivement cette devinette.
  Une fois résolue, la relire ensuite à la classe et recenser les informations dans l'ordre où elles sont données. La première phrase proposant une caractéristique physique, la deuxième indiquant une action et la troisième une information spécifique à cet animal. Relire la devinette et attirer l'attention sur l'emploi des majuscules au début des phrases et sur la ponctuation.
  Sur la **fiche élève 1** **activité 1**, en se référant au modèle, faire compléter cette devinette où manquent les phrases 3 et 4. Rappeler aux élèves qu'ils doivent mettre une majuscule en début de phrase et respecter la ponctuation.
- La seconde devinette projetée ou affichée appelle une lecture à haute voix, collective, et des réponses individuelles, **activité 2** de la **fiche élève 1** (Lea.fr).

Il ressemble à un chien.
Il hurle au fond des bois.
Il fait très peur dans les contes !
Qui est-ce ?

Après réponse des élèves (sur la fiche) et validation ou infirmation des réponses données, afficher au tableau cette deuxième devinette. Comparer les deux devinettes et dégager déjà les similitudes : même nombre de phrases dans chacune des devinettes, même type d'informations.
La première phrase porte sur une caractéristique physique ;
la deuxième phrase indique une action ;
la troisième phrase livre une information (ici étonnante et suivie d'un point d'exclamation).

Sur les deux affiches et sur les fiches élèves, faire souligner les majuscules en début de phrases et entourer les signes de ponctuation.
Observer la présence du point d'interrogation (dernières phrases des devinettes).
Sur la seconde affiche, constater la présence d'un point d'exclamation à la fin de la phrase. Expliquer que cette phrase fait part d'une émotion ressentie devant l'animal en question.

SÉANCE 2 > Reconstituer des devinettes

- Présenter une nouvelle devinette constituée de phrases écrites sur quatre bandes de papier disposées en désordre au tableau.

Il vit dans les fleuves des pays chauds.
Qui est-ce ?
Il a le corps recouvert par des écailles.
Il noie ses proies avant de les dévorer.

Demander aux élèves s'ils savent de quel animal il s'agit lorsqu'ils lisent ces phrases en désordre en l'absence d'image.

Remarque : l'absence d'images ne les empêche pas de proposer des réponses s'ils ont une certaine connaissance de l'animal.

- Afficher ou projeter ensuite au tableau les images de trois animaux : un renard, une lionne et un crocodile (Lea.fr).

Ne conserver que l'image du crocodile. Relire la première devinette. Rappeler dans quel ordre sont données les informations qui permettent de la résoudre, à savoir : la première phrase propose une caractéristique physique ; la deuxième indique une action et la troisième une information concernant cet animal. Remettre les bandes de papier en respectant l'ordre des phrases selon les informations données.

– Découper la première phrase en huit morceaux (un morceau par mot). Disposer ces mots en désordre au tableau. Retirer le texte de la devinette, mais laisser l'image affichée. Demander aux élèves d'écrire au stylo, sur papier libre, cette première phrase.
Valider ou infirmer les productions des élèves.
Puis écrire la première phrase de la devinette au tableau et commenter l'activité. Afficher de nouveau la devinette au tableau. Les élèves peuvent écrire les majuscules en capitales d'imprimerie.
Réviser en présence des majuscules et des points.

– Faire réaliser les **activités 1** et **2** de la **fiche élève 2**.

SÉANCE 3 > Écrire et dicter des devinettes

Il s'agit ici d'écrire une devinette en reconstituant des phrases.

- Afficher ou projeter l'image d'un éléphant (Lea.fr).

– Disposer au tableau les morceaux de phrases écrits dans les étiquettes suivantes :

il a	avec sa trompe	il aspire	il peut dormir	une peau épaisse	de l'eau	debout ou couché

Rappeler l'ordre des phrases adopté depuis la séance 1 pour écrire des devinettes selon les modèles proposés en lecture.

– En dictée à l'adulte, écrire la première phase au tableau sur une bande de papier et l'afficher.

– Faire écrire la deuxième phrase aux élèves, au stylo, sur papier libre. Puis la faire lire un élève.
L'écrire devant la classe en rappelant la présence de la majuscule au début de la phrase et du point à la fin de la phrase. L'écrire sous la première phrase.

– Puis procéder de même pour la troisième phrase.

En dictée à l'adulte, écrire la question sur une bande à disposer sous les trois phrases.

- Dicter cette devinette en la transposant à la 1re personne.
Formuler devant la classe la première phrase de la devinette en la transposant (oralement) à la première personne. Demander aux élèves : *qui parle ?* Écrire cette phrase au tableau. La faire relire, et souligner ce qui a changé dans la phrase (*j'ai / il a*).

- Écrire devant la classe le verbe de la deuxième phrase (à la 1re personne) puis écrire la suite de la phase au tableau sous la dictée.
- Relire la troisième phrase de la devinette (à la 3e personne) et demander aux élèves, en dictée à l'adulte, de transposer cette phrase en employant le mot *je*. L'écrire devant la classe.
- Faire relire la devinette ainsi reformulée. Puis introduire sur une bande de papier la question reformulée après ce changement de personne. Faire relire la devinette dans son intégralité.
- Disposer, au tableau, les deux affichettes suivantes pour apprendre aux élèves à poser la bonne question selon que la devinette commence par *je* ou par *il* ou *elle*.

Qui est-ce ?
Qui suis-je ?

- Sur la **fiche élève 3** **activité 1** : faire écrire à la 3e personne une devinette à partir d'éléments de phrases, proposés en désordre, puis faire écrire la question correspondante ; **activité 2**, même activité, mais les verbes sont écrits à la 1re personne et il faut également écrire la question.
  Précisez qu'il faut formuler chaque phrase dans sa tête avant de l'écrire.

SÉANCE 4 > Dicter des devinettes à l'enseignant

À partir d'éléments affichés ou projetés au tableau et mélangés, mais en respectant la structure de la devinette, dicter à l'enseignant des phrases syntaxiquement structurées pour reconstituer trois devinettes (Lea.fr). Rappeler qu'il faut bien indiquer, au cours de la dictée à l'adulte, majuscules et points à intégrer au texte.

Proposer les images suivantes :

Présenter les éléments suivants écrits, dans cet ordre, sur une affichette :

avoir des cornes et quatre mamelles – avoir une fourrure rousse – avoir des ailes et des antennes
manger des mulots – brouter l'herbe – butiner les fleurs
être traite avec une machine – reconnaître l'odeur des autres abeilles – chasser la nuit

- Écrire sous la dictée ces devinettes à la 3e personne dans l'ordre d'affichage des images au tableau. Puis, toujours en dictée à l'adulte, transposer ensuite à la 1re personne l'une de ces devinettes (au choix de l'enseignant) et écrire les phrases sous la dictée. Faire formuler alors la question en fonction du changement de personne.
- Sur la **fiche élève 4** **activité 1**, à partir de l'image d'un animal, écrire la devinette correspondante avec des morceaux de phrases mélangés se rapportant à plusieurs animaux. Ils sont présentés en respectant la structure de la devinette. **Activité 2**, en se référant à l'image, et à partir de morceaux de phrases entièrement mélangés, écrire une seconde devinette et poser la question qui convient.
- Pour prolonger l'activité, collecter d'autres images d'animaux. Constituer des listes de mots avec : noms d'animaux, caractéristiques physiques ; verbes d'actions, informations spécifiques concernant les animaux de la première liste.

Fiche élève 1

NOM : ....

Prénom : ....

1. Relis la devinette écrite au tableau et complète la devinette suivante.

Il a deux bosses sur le dos.

....

Il peut rester longtemps sans boire.

....

2. Lis la devinette suivante et donne la réponse.

Il ressemble à un chien.
Il hurle au fond des bois.
Il fait très peur dans les contes !
Qui est-ce ?
C'est ....

NOM : ....

Prénom : ....

Fiche élève 2

1. **Remets en ordre les phrases suivantes pour écrire une devinette. N'oublie pas les majuscules au début de chaque phrase et de mettre un point en fin de phrase.**

- elle peut réaliser différentes sortes de fils
- elle a huit pattes
- elle mord ses proies
- qui est-ce ?

....

....

....

....

2. **Remets en ordre les mots de la phrase suivante pour écrire la troisième phrase de la devinette. Mets une majuscule au début de la phrase et un point à la fin de la phrase. Recopie cette phrase. N'oublie pas d'écrire la question à la fin de la devinette.**

sortir – il adore – quand il pleut

Il n'a pas de pattes.

Il avance en glissant sur sa bave.

....

....

Fiche élève 3

NOM : ....
Prénom : ....

1. **À l'aide des mots suivants, écris la devinette sans oublier la question.**

- lui servir
- d'une branche à l'autre
- il a
- il bondit
- sa queue peut
- un pelage roux
- de parasol

....

....

....

....

2. **À l'aide des mots suivants, écris la devinette sans oublier la question.**

- quand on me touche
- dans cette position
- quatre pattes
- je peux rester
- j'ai
- je me roule
- pendant des heures
- et des piquants sur le dos
- en boule

....

....

....

....

NOM : ....

Prénom : ....

Fiche élève 4

1. Parmi ces morceaux de phrase, choisis ceux qui permettent d'écrire une devinette pour faire découvrir cet animal.

- elle n'a pas de crinière comme le mâle
- elle est petite, mais elle a une longue queue
- il a des rayures noires et blanches
- elle se faufile dans des endroits très petits
- elle allaite ses petits
- il mange surtout de l'herbe
- elle court plus vite que le lion
- il est le cousin du cheval

....

....

....

Qui est-ce ?

2. Avec des morceaux de phrases suivants, écris une autre devinette. N'oublie pas la question.

- je peux faire de gros dégâts dans une maison
- je ponds de gros œufs
- je suis petite, mais j'ai une longue queue
- je bois le nectar des fleurs avec ma trompe
- je suis un très grand oiseau
- je suis un insecte ailé
- je cours très vite, mais je ne peux pas voler
- je me faufile dans des endroits très petits
- avant d'avoir des ailes, j'ai été une chenille

....

....

....

....

Séquence 3

Rédiger des phrases syntaxiquement structurées pour décrire une image

CP

> Il s'agit de décrire oralement des scènes et des personnages en action et de rédiger des phrases syntaxiquement structurées pour décrire des éléments de ces scènes.

Informations théoriques

Décrire une scène consiste à organiser les éléments de la description en répondant aux questions suivantes : *Où ? Qui ? Quand ? Quoi ? Comment ?* Ceci conduit à décrire le lieu où se passe l'action, mais aussi à s'intéresser à chaque personnage (vêtement et accessoires, actions, expressions des visages).

Décrire une scène à l'oral suppose déjà d'énumérer ce que l'on voit, puis de mettre en relation des éléments pour accéder à la description.

Les activités orales de cette séquence prennent en compte ces éléments en invitant les élèves à s'exprimer dans une langue syntaxiquement structurée avant de produire des phrases écrites.

Ces phases orales sont indispensables pour apprendre aux élèves à décrire et pour introduire le vocabulaire qui sera réinvesti dans les productions écrites.

Le passage à l'écriture requiert alors des moments collectifs de dictée à l'enseignant où le processus d'écriture est lisible par les élèves. Progressivement, ceux-ci prennent en charge la rédaction d'une phrase, puis l'enchaînement de deux phrases, voire plus selon le niveau de la classe (avant mise en commun et validation en dictée à l'adulte).

Supports pour l'écriture

- Deux images donnant à voir, l'une une scène se déroulant dans un parc et l'autre des enfants s'adonnant à des activités de plage.
- Trois images d'art représentant des sculptures antiques ***Le discobole*** de Myron, un guerrier grec et ***Le tireur d'épine***.
- La photo de trois enfants dans une composition groupée.
- Des images à légender sur la fiche élève.
- Des étiquettes de mots pour les premières activités sur la **fiche élève 1**.
- Les fiches élèves 1 à 4.

Connaissances et compétences associées

- Commencer à mettre en œuvre une démarche de production écrite : recherche des idées (activité orale), écriture, révision.
- Décrire oralement une scène et des personnages dans une langue syntaxiquement structurée.
- Rédiger des phrases syntaxiquement structurées pour décrire des personnages en action.
- Réviser et améliorer l'écrit produit.

SÉANCE 1 > Décrire oralement une scène dans un parc et dicter à l'adulte (une phrase)

- Afficher ou projeter l'image suivante (Lea.fr) :

Image 1

- Introduire l'image et demander aux élèves ce que l'on voit sur cette image. Faire une énumération : des enfants – des balançoires – une échelle à grimper – une pelouse – une piste de course – des rondins – des plots.
  Puis demander : *Où se passe cette scène ?* (dans un parc) ; *à quel moment de la journée ?* (matin ou après-midi). Interroger les élèves : *Quel temps fait-il ?* (il fait beau) et le faire justifier : *le ciel est bleu, le soleil brille* (on voit des ombres sur la pelouse). Observer comment les enfants sont vêtus et en déduire qu'il doit faire chaud car ils le sont légèrement. Demander : *En quelle saison cette scène se déroule-t-elle ? Au printemps ? En été ?* Observer la présence de feuilles aux arbres et la façon dont sont vêtus les personnages, envisager la possibilité que la scène se passe en été.
  Remarquer l'absence d'adultes et l'activité commune à tous ces personnages (ils jouent). Une impression de calme se dégage de l'image : constater qu'ils jouent tranquillement, aucune dispute.
- Approfondir la lecture de l'image. Situer les personnages : au premier plan, deux filles montées sur les rondins ; au second plan, remarquer que le garçon est plus petit que la fille. À l'arrière-plan, observer l'équipement du garçon (un gant et une casquette).
- Décrire les actions de chaque personnage. Commencer par les deux filles au premier plan : *Que font-elles ?* (Celle qui est devant va sauter du rondin et, derrière elle, une autre petite fille se tient en équilibre sur une jambe). S'intéresser à l'expression de leur visage en observant leurs bouches (Elles rient). En déduire qu'elles s'amusent bien. Décrire la fille et le garçon devant les balançoires : la fille saute à la corde , le garçon jongle avec trois balles. Observer leurs visages (Ils ne rient pas comme les deux filles sur les rondins. Ils ont un visage sérieux). Demander pourquoi.
  Constater qu'il est difficile de sauter à la corde et de jongler avec trois balles. Il faut faire très attention. Observer ensuite les deux enfants qui jouent au football. *Que s'apprête à faire le garçon ?* (shooter dans le ballon pour marquer un but). La zone du but étant marquée par deux balises. Observer son visage et constater qu'il sourit.
  Commenter : *il est content de jouer au football. Que s'apprête à faire la fille ?* (rattraper le ballon pour empêcher le garçon de marquer un but). La décrire : *elle a de grandes jambes et surtout de longs bras qu'elle écarte pour rattraper le ballon*. Noter le sifflet à roulette dans la bouche de la fille gardienne de but. Émettre éventuellement l'hypothèse qu'il s'agit de l'animatrice de cette activité (ou d'une enseignante).
  Observer le garçon à l'arrière-plan. *Que fait-il ?* (il court) *Pourquoi ? A-t-il lancé la balle ou veut-il l'attraper ?* (Plutôt l'attraper).
- Écrire une phrase en dictée à l'adulte pour décrire ce que font des personnages de cette image.
  Exemple : *Un petit garçon jongle avec trois balles*. Écrire devant les élèves la phrase au tableau. Préciser qu'au début de la phrase, il ne faut pas oublier la majuscule au mot *Un*. Puis après chaque mot, relire ce qui vient d'être écrit. Par exemple : *Un garçon jongle…* En fin de phrase, rappeler qu'il faut mettre un point.
  Faire relire la phrase et compter les mots. Faire l'activité sur la **fiche élève 1** : écrire des phrases avec des étiquettes pour décrire deux des images observées au cours de la séance.

SÉANCE 2 > Décrire oralement des images et dicter à l'adulte (trois phrases)

- Afficher ou projeter cette deuxième image et la comparer à la première (Lea.fr). Similitudes : présence d'enfants. Différences : le lieu (plage et mer) et les actions des personnages induites par le lieu ; leur représentation (images des enfants disposées séparément sur un fond noir).
  Remarque : cette mise en page va orienter les observations sur les personnages, leurs vêtements, leurs accessoires liés au thème exploité, l'endroit où ils se trouvent (dans l'eau et hors de l'eau) et sur l'action de chacun.

Image 2

- Commencer par faire énumérer aux élèves ce qu'ils voient sur les différentes images en s'intéressant à trois d'entre elles.

  Scène 1 (image en bas de la page et au milieu)
  Recenser ce que l'on voit sur cette image : une petite fille, un ballon et deux jouets en plastique : un poisson et un canard. Demander : *Qu'est-ce que la petite fille a autour de la taille ?* (une bouée). *À quoi ça sert ? Que fait-elle ?* (elle écarte les bras ; elle marche dans l'eau). Observer son visage. *Semble-t-elle contente ?* (elle rit aux éclats). Décrire : le ballon de plage, les jouets en plastique (poisson et canard). Remarquer qu'ils flottent.

  Écrire trois phrases sous la dictée des élèves en réponse aux questions suivantes reformulées :
  Qu'est-ce que la petite fille a autour de la taille ? Que fait-elle ? Quelle est l'expression de son visage ?
  Exemple de dictée à l'adulte : *La petite fille a une bouée autour de la taille. Elle sort de l'eau. Elle rit.*
  Commenter l'activité d'écriture : Présence de la majuscule en début de phrase et du point en fin de phrase.
  Relire chaque phrase avant de passer à la suivante. Comparer la longueur des phrases : *Quelle est la plus longue ? Quelle est la plus courte ?* Compter le nombre de mots dans chaque phrase.

  Scène 2 (image en haut à droite)
  Énumérer ce que l'on voit : un garçon et une fille, un château de sable.
  Faire indiquer ce qu'il y a devant le château de sable : un seau, une pelle et un coquillage.
  Reformuler : *Devant le château de sable, il y a un coquillage, un seau rouge et une pelle*. Questionner : *Que font les deux enfants ? Qu'ont-ils posé sur le château de sable ?* (un coquillage). *Pourquoi ?* (pour le décorer).
  Inviter les élèves à décrire ce que fait la petite fille. Reformuler : *La petite fille retourne le seau rouge pour faire un pâté de sable*. Demander : *Que tient le garçon ?*

  Scène 3 (image au milieu à droite)
  Observer l'image où un garçon colle un coquillage contre son oreille. Demander ce qu'il fait. Observer ses yeux et sa bouche. Il semble surpris. Expliquer pourquoi : il croit entendre le bruit de la mer.

- Réaliser les **activités** sur la **fiche élève 2** : écrire des phrases pour décrire les images 2 et 3 précitées. Vérifier la présence des majuscules et des points.

SÉANCE 3 > Activité décrochée de vocabulaire

Réaliser une séquence de vocabulaire en posant des questions pour recenser le vocabulaire lié à la deuxième image. Réaliser quatre ensembles : les mots directement liés au champ thématique de la mer ; les mots relatifs aux vêtements et accessoires ; les mots indiquant les actions observées ; les mots précisant les positions des personnages.

1) mer – eau – sable – plage – vague – coquillage – pâté de sable – château de sable – parasol – ballon de plage – chaise longue – planche – étoile de mer.
2) maillot de bain – short – tee-shirt – jupe – tongs – bonnet de bain – chapeau de plage – casquette – lunettes de soleil – masque de plongée – bouée – palmes – tuba – collier de fleurs – pelle – seau.
3) se repose – fait – construisent – retourne – souffle – saute – soulève – colle – écoute – tâte – écarte – flotte – rit aux éclats.
4) allongé – debout – à genoux.

SÉANCE 4 > Réinvestir du vocabulaire et décrire d'autres personnages en dictée à l'adulte (trois phrases)

- Décrire oralement l'image en bas à gauche (garçon au bonnet de bain). Questionner : *Où est-il ?* Remarquer qu'il a un pied sur le sable et un pied dans l'eau. *Que fait-il ?* (avec son pied, il tâte l'eau). Observer son visage. *A-t-il l'air content ?* Formuler des hypothèses. Exemple : *Il a peur d'entrer dans l'eau. Il a peur d'avoir froid.*
Puis faire une dictée à l'enseignant pour décrire cette image en deux phrases.
Procéder de même avec l'image au-dessus (garçon avec équipement).
Demander oralement : *Où est-il ? Que fait-il ? Qu'a-t-il comme équipement ? Que va-t-il faire ?* Écrire ensuite trois phrases de cette description sous la dictée des élèves.
- Faire réaliser la **fiche élève 3**. Décrire deux images qui n'ont pas été décrites oralement au cours de la séance. **Image 1 :** image située en haut à gauche (fille allongée sur chaise longue). **Image 2 :** fille à genou sur une planche que soulève une vague.

SÉANCE 5 > Écrire des phrases et les réviser en dictée à l'adulte (trois phrases)

- Remarquer sur chaque image la présence d'un socle (introduire ce mot et l'écrire au tableau).
- Afficher ou projeter l'image du discobole (Lea.fr). Donner le titre de l'œuvre (***Le discobole***) et expliquer le mot *discobole* (athlète qui lance un disque). Indiquer qu'il s'agit d'une œuvre très ancienne.

Image 1 : *Le discobole* de Myron
(art grec classique. Sculpteur athénien du Ve siècle avant notre ère).

- Afficher ou projeter l'image du guerrier (Lea.fr). Faire remarquer aux élèves que la statue est en bronze, d'où sa couleur foncée qui contraste avec les deux autres œuvres proposées au cours de cette séance. Dire qu'il s'agit également d'une œuvre très ancienne.

Image 2 : *Le guerrier combattant*, dit *Gladiateur Borghèse*
(1er siècle avant notre ère, découverte en France au XIXe siècle,
sans doute copiée ou inspirée d'une œuvre grecque du Musée du Louvre. Auteur inconnu).

- Afficher ou projeter ensuite l'image de ***L'enfant à l'épine***, qui est tout en douceur (Lea.fr). Donner son titre. Expliquer que certaines plantes ont des épines (ex : les roses). Indiquer que ce garçon a dû marcher sur une épine.

Image 3 : *Le tireur d'épine*
(copie d'une œuvre antique du 1er siècle avant notre ère, très célèbre. Auteur inconnu).

- Faire décrire oralement chaque statue.

  Image 1 : Constater que le personnage est nu et expliquer qu'à cette période les artistes représentaient souvent ainsi leurs personnages. Le discobole s'apprête à lancer le disque.

  Image 2 : Observer que ce personnage porte un casque. Remarquer les muscles visibles de la jambe d'appui. S'interroger : *est-il en train d'attaquer ou de se défendre ?* Interpréter en s'attachant aux positions des jambes et des bras ainsi qu'à l'inclinaison du corps (mouvement de recul). Imaginer ce qu'il pourrait tenir dans ses mains : une épée de la main droite pour attaquer et un bouclier de la main gauche pour défendre son visage. Faire mimer en tenant des objets substituts.

  Image 3 : Constater que le garçon est nu lui aussi ce qui explique qu'il se soit blessé en marchant. Observer qu'il est en train d'extraire cette épine de son pied gauche. Décrire sa posture.

  Sur trois affiches, lister les mots employés à cette occasion en les répartissant de la façon suivante :

se retourne – tient – tend – regarde – pose – tourne – appuie – lève – plie – tend – lance – plie – s'appuie – lève – se protège – écarte – allonge – baisse – examine	corps – tête – torse – bras – main – jambe – cuisse – genou – pied – main	nu – assis – debout – penché – musclé – autre

- Légender ces images d'art.
  Constituer trois groupes. À l'intérieur de chaque groupe, les élèves peuvent, seuls ou en binômes, écrire une phrase (ou plusieurs) pour légender l'image.

  Mettre en commun les phrases produites en invitant des élèves de chaque groupe à lire leur production.
  En se référant à l'image, valider ou infirmer les propositions.

- Révision : dicter à l'enseignant.
  Observer de nouveau chaque image avant d'enrichir les productions. Pour rendre les élèves plus attentifs aux postures et aux positions des bras et des jambes, demander à des élèves d'imiter ces personnages et commenter. Puis inviter les élèves à dicter à l'enseignant des phrases pour légender chaque image d'art.

- Copier les légendes.
  Faire recopier par les élèves de chaque groupe la légende correspondant à l'œuvre pour laquelle ils avaient écrit des phrases. Copie soignée (orthographe, majuscule, ponctuation).

SÉANCE 6 > Décrire des compositions groupées (trois à quatre phrases)

- Afficher ou projeter l'image (Lea.fr). Repérer les prénoms des enfants. Demander d'abord de décrire Clément, puis Milan et Florian. Demander à trois élèves de reproduire cette composition groupée sur un tapis et ensuite à chacun de ces élèves de commenter leur posture. Demander si ces élèves ont correctement reproduit la composition groupée. Faire justifier par trois élèves différents, chacun s'attachant à décrire la posture de l'un des trois enfants.

- Compléter la première affiche (constituée lors de la séance 5) avec les mots suivants :
  se tient en équilibre – écarte – donne

- En binômes, faire écrire une légende pour accompagner cette photo. Faire lire quelques textes et valider ou infirmer les propositions. Préciser et enrichir par une dictée à l'adulte.

- Décrire ensuite oralement les images de la **fiche élève 4** et compléter les premières listes avec les mots suivants :
  – lutte – immobilise – maintient – se dégager – guide – pousse – avance
  – yeux
  – bandés – à genoux – allongé – accroupi

- Faire réaliser la **fiche élève 4** en partageant la classe en deux groupes. Les enfants du premier groupe légendent l'image 1 et l'autre moitié l'image 2. Mise en commun : en dictée à l'adulte, finaliser chacun des textes. Puis faire recopier aux élèves, sur la fiche élève, la légende qu'ils n'avaient pas écrite.
  Vérifier la présence des majuscules et des points.

Fiche élève 1

NOM : ....

Prénom : ....

Au parc

1. Complète la phrase avec des étiquettes (voir ci-dessous) pour décrire l'image.

Devant les balançoires, ...

....

....

2. Complète la phrase avec des étiquettes pour décrire l'image.

Sur la pelouse, ...

....

....

✂ ....

Étiquettes pour activité 1

saute	une	la	fille
petite	à	corde	.

Étiquettes pour activité 2

roux	balles	.	jongle
garçon	trois	le	avec

NOM : ....

Prénom : ....

Fiche élève 2

Au bord de la mer (1)

1. Écris une phrase pour décrire ce que font les deux enfants sur la plage.

....

....

....

2. Écris une phrase pour décrire ce que fait le garçon.

....

....

....

Fiche élève 3

NOM : ....
Prénom : ....

Au bord de la mer (2)

1. **Écris deux phrases pour décrire la jeune fille sous le parasol.**

....

....

....

....

2. **Écris deux phrases pour décrire cette image.**

....

....

....

....

NOM : ....
Prénom : ....

Fiche élève 4

Compositions groupées

1. Écris trois phrases pour décrire Milan et Clément.

....

....

....

....

....

2. Écris trois phrases pour décrire Clément et Florian.

....

....

....

....

....

Séquence 4

Employer des indicateurs d'espace et les utiliser pour présenter un itinéraire CE1

> **Il s'agit dans cette séquence d'identifier des indicateurs d'espace, de les lister, d'apprendre à les employer puis de les utiliser pour raconter un itinéraire. Ces indicateurs d'espace pourront également être utilisés dans une description.**

Informations théoriques

Dans un texte ou dans une phrase, les indicateurs d'espace situent les personnages, les objets dans l'espace et les uns par rapport aux autres. Ils localisent (*ici, là-bas*), indiquent la proximité ou l'éloignement (*à côté de…, loin de…*) orientent les déplacements (*jusqu'…, vers…*). Ils sont très nombreux.

Ce sont des prépositions introduisant un groupe nominal (*chez, à, dans, derrière, devant, entre, sous, sur, au milieu de, à côté,* etc.) ou des adverbes (*ici, partout,* etc.)

La notion d'espace est aussi exprimée par des verbes qui traduisent les mouvements dans l'espace : *aller, avancer, passer, longer…*

Supports pour l'écriture

- Le texte et l'image ***Une photo de famille***.
- Le message et le plan imagé ***Un message pour Enzo***.
- Le plan et l'itinéraire pour aller à la piscine.
- Les fiches élèves 1 à 4.

Connaissances et compétences associées

- Commencer à mettre en œuvre une démarche de production écrite : rechercher des idées, écrire, réviser.
- Connaitre et utiliser des indicateurs d'espace ; comprendre leur rôle.
- Élaborer une phrase.
- Réviser et améliorer l'écrit produit.

SÉANCES 1 et 2 > Identifier et collecter des indicateurs d'espace

- Lire ou faire lire le texte ***Photo de famille***.

Photo de famille

Mamie a un nouveau téléphone. Elle veut prendre en photo Papa, Maman et les trois enfants Jules, Zoé et Louise.
Sur la photo, Papa veut être à droite avec Maman à côté de lui.
Jules se place juste devant Maman.
Zoé veut se mettre près de Jules, mais Louise se glisse entre les deux.
Plus personne ne bouge ! Mamie prend la photo.
Tout le monde se précipite sur le téléphone pour la regarder.

- Projeter l'image ci-dessous (Lea.fr).
  Échanger et faire indiquer sur l'image où se trouvent Papa, Maman, Jules, Zoé et Louise. Faire justifier la place de chacun en une phrase : *Papa est ici, car il est à droite de la photo, Jules est ici, car il est devant maman. Louise est ici, car elle est entre Jules et Zoé.*
  Demander où se trouvent les parents par rapport aux enfants pour employer le terme *derrière*, où se trouve maman pour employer *à gauche*.

- Donner la **fiche élève 1** et réaliser l'**activité 1** collectivement : sur la photo, faire entourer les mots qui situent les personnes et qui les situent les unes par rapport aux autres. Lister ces mots sur une affiche collective : *devant, à droite, près de, entre*. Ajouter les mots employés à l'oral : *derrière, à gauche*. Les élèves les écrivent sur la fiche élève. Dire aux élèves que ces mots sont des indicateurs d'espace.
- Lire le texte de l'**activité 2**, puis laisser les élèves réaliser l'activité en autonomie.
  Mettre en commun et échanger sur la place de chacun des membres de la famille en énonçant des phrases avec des indicateurs d'espace pour situer chacun sur la photo. Compléter l'affiche collective avec le nouvel indicateur d'espace : *au milieu*.

SÉANCE 3 > Compléter le texte « Photo de famille »

- Relire l'affiche avec les indicateurs d'espace relevés. Les faire employer oralement dans des phrases pour situer des objets de la classe.
  Réaliser l'**activité** de la **fiche élève 2**. Lire le texte puis laisser les élèves le compléter en observant l'image.
  Leur indiquer de bien regarder la manière dont les indicateurs d'espace sont écrits sur la fiche élève.
  Quand les mots sont écrits, vérifier qu'ils sont écrits sans erreur.
- Mettre en commun et faire justifier la place de chaque membre de la famille avec une phrase contenant un indicateur d'espace.
- Terminer la séance en demandant à chaque élève de se situer par rapport à son voisin de droite, de gauche, de devant, de derrière, d'indiquer où se trouve sa case, où sont ses stylos etc.
  Noter sur l'affiche collective les indicateurs utilisés : *à droite de..., à gauche de..., sur..., sous..., dans...*

SÉANCE 4 > Comprendre et employer des indicateurs d'espace

- Projeter le texte ci-dessous avec l'image et donner aux élèves la **fiche élève 3** (Lea.fr).
  Indiquer que c'est l'anniversaire d'Enzo. Ses parents lui ont fait une surprise. Ils ont caché son cadeau dans le jardin. Ils lui donnent le message suivant :

Message pour Enzo

Tu avances dans l'allée.
Tu passes devant le pommier.
Tu tounes à gauche.
Tu passes au bord du bassin des poissons rouges.
Tu continues tout droit.
Tu tournes à droite.
Tu passes entre deux massifs de fleurs.
Tu vas jusqu'au sapin.
Tu regardes derrière l'arbre et tu auras une surprise !

Lire le texte. Faire compter le nombre de phrases. Mettre en couleur les majuscules et les points.
Montrer l'itinéraire sur l'image projetée, le verbaliser en utilisant les indicateurs d'espace du message.

- Puis réaliser les **activités 1** et **2** de la **fiche élève 3**. Ajouter *jusqu'…, au bord…, tout droit* sur l'affiche collective et conserver également les verbes qui indiquent un mouvement dans l'espace : *tourner, passer, avancer, aller, continuer.*
- Réaliser l'**activité 3.a**. Puis verbaliser l'itinéraire avant que les élèves ne réalisent l'**activité 3.b**.
  Quand les mots sont écrits, vérifier qu'ils sont écrits sans erreur. Mettre en commun et faire justifier l'emploi de chaque indicateur d'espace.

SÉANCE 5 > Activité décrochée de découverte du monde

- Réaliser une séquence de **découverte du monde** à partir du plan de la classe et de l'école.
  Réaliser des itinéraires dans la classe puis dans l'école et les faire verbaliser en utilisant des indicateurs d'espace.
  Ajouter sur l'affiche collective ceux utilisés qui n'y sont pas.

- Tracer un itinéraire sur le plan de la classe puis sur le plan de l'école et le faire verbaliser. Verbaliser des itinéraires et les faire tracer sur le plan.

SÉANCE 6 > Écrire un itinéraire

- Réaliser l'**activité 4** de la **fiche élève 3**. Pour cela, rechercher collectivement les itinéraires possibles, les verbaliser. Énoncer phrase par phrase ce qu'Enzo devra faire. Utiliser la deuxième personne du singulier au présent. Faire observer la terminaison des verbes dans le message pour Enzo.
  Relire les indicateurs sur l'affiche collective et la laisser à disposition des élèves.
  Faire tracer par chacun son itinéraire.
- Rappeler aux élèves qu'une phrase commence par une majuscule et finit par un point. Laisser les élèves qui en sont capables écrire leur texte. Regrouper les autres élèves et les accompagner pour qu'ils écrivent leur texte phrase par phrase sans oublier la majuscule et le point. Écrire, si besoin, plusieurs phrases en dictée à l'adulte.
- Quand les textes sont terminés, les réviser en guidant les élèves. Vérifier la présence des majuscules et des points, la présence et l'orthographe des indicateurs de temps, la présence et la terminaison des verbes.

SÉANCES 7 et 8 > Compléter et écrire un itinéraire

- Projeter le plan ci-dessous (Lea.fr).

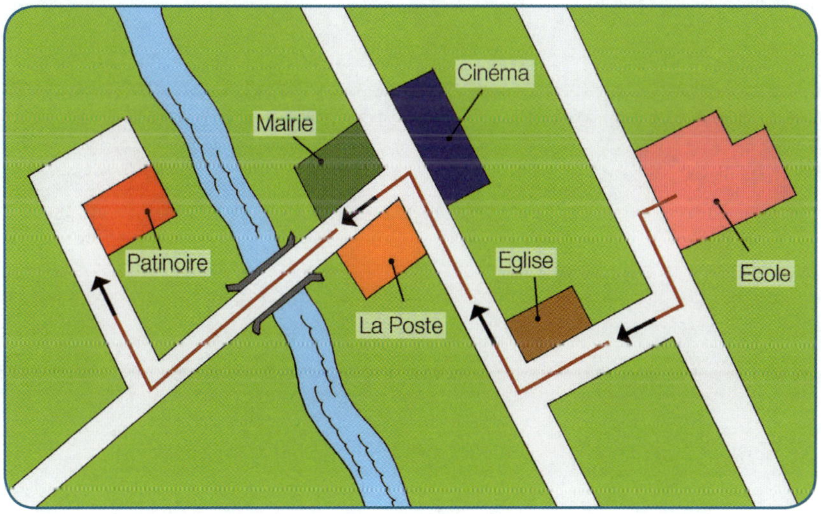

Indiquer que, sur ce plan, est retracé le chemin emprunté par les élèves pour aller à la patinoire.
Verbaliser l'itinéraire suivi par les élèves en employant le présent à la première personne du pluriel, et des indicateurs d'espace.
- Réaliser ensuite l'**activité 1.a** de la **fiche élève 4**. Indiquer que le texte est au présent.
  Réaliser les **activités 1.b** et **1.c**. Quand les mots sont écrits, vérifier qu'ils sont écrits sans erreurs.
  Mettre en commun et faire justifier l'emploi de chaque indicateur d'espace.
  Ajouter les indicateurs d'espace *sur, au-dessus, en face, vers* et les verbes indiquant un mouvement *sortir, prendre* sur l'affiche collective.
- Réaliser l'**activité 2** de la **fiche élève 4**. Verbaliser l'itinéraire. Utiliser la première personne du pluriel au présent. Rappeler la terminaison des verbes.
  Relire les indicateurs sur l'affiche collective et la laisser à disposition des élèves.
  Rappeler aux élèves qu'une phrase commence par une majuscule et finit par un point. Laisser les élèves qui en sont capables écrire leur texte. Regrouper les autres élèves et les accompagner pour qu'ils écrivent leur texte phrase par phrase sans oublier la majuscule et le point. Écrire, si besoin, plusieurs phrases en dictée à l'adulte.
- Quand les textes sont terminés, les réviser en guidant les élèves. Vérifier la présence des majuscules et des points, la présence et l'orthographe des indicateurs de temps, la présence et la terminaison des verbes.

SÉANCE 9 > Compléter et écrire un itinéraire

Ce travail sur les indicateurs d'espace peut être prolongé par la **préparation d'une course au trésor à destination d'une autre classe.**

- Choisir un endroit dans l'école pour cacher le trésor. S'y rendre en commentant le trajet et en prenant des photos. De retour en classe, remettre les photos dans l'ordre chronologique et s'aider des photos pour présenter oralement le trajet. Verbaliser le trajet tel qu'il pourra être écrit en utilisant le présent à la deuxième personne du pluriel, en utilisant des verbes de mouvement et des indicateurs d'espace.
- Mettre les élèves par groupe et leur demander de rédiger un texte présentant le trajet pour découvrir le trésor. Les élèves les plus faibles sont accompagnés par l'enseignant. Faire réviser le texte comme dans les séquences précédentes.
- Pour finaliser le texte qui sera donné à son destinataire, partir d'une production d'un des groupes, l'enrichir collectivement en dictée à l'adulte.

Compléter l'affiche collective avec les indicateurs d'espace et les verbes qui n'y figureraient pas.

NOM : ....

Prénom : ....

Fiche élève 1

La photo de famille

1. **Écris *Papa, Maman, Jules, Zoé* et *Louise* à leur place sur la photo.**
Entoure les mots du texte qui situent les personnages sur la photo.
Puis recopie-les.

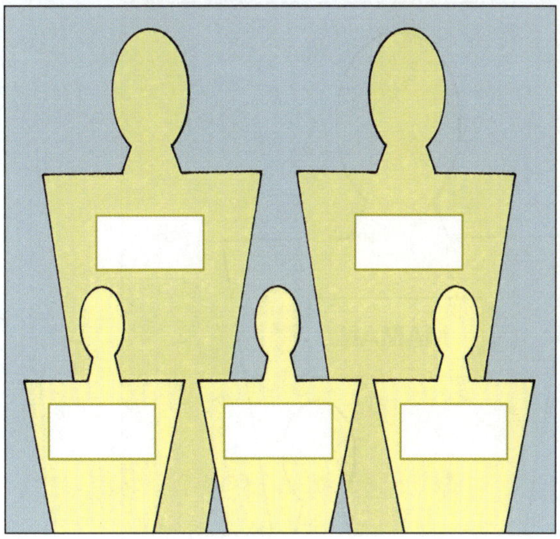

Photo de famille n°1

Mamie a un nouveau téléphone. Elle veut prendre en photo Papa, Maman et les trois enfants Jules, Zoé et Louise.
Sur la photo, Papa veut être à droite avec Maman à côté de lui.
Jules se place juste devant Maman.
Zoé veut se mettre près de Jules, mais Louise se glisse entre les deux.
Plus personne ne bouge ! Mamie prend la photo.
Tout le monde se précipite sur le téléphone pour la regarder.

....

....

2.a. **Lis le texte.**

b. **Écris *Papa, Maman, Jules, Zoé* et *Louise* à leur place sur la photo.**

Photo de famille n°2

Mamie fait une nouvelle photo. Les enfants se mettent devant.
Sur la photo, Louise veut être à gauche et Zoé au milieu.
Papa et Maman sont derrière. Papa est à gauche sur la photo et Maman est derrière Jules.
Plus personne ne bouge ! Mamie prend la photo.

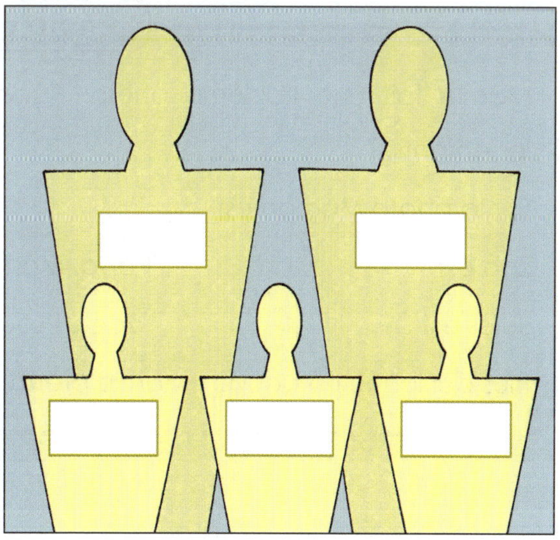

c. **Recopie l'indicateur d'espace qui indique où se trouve Zoé :**

....

Fiche élève 2

NOM : ....
Prénom : ....

Observe la photo puis complète le texte avec les indicateurs d'espace choisis parmi ceux-ci :

devant – derrière – à droite – à gauche – entre

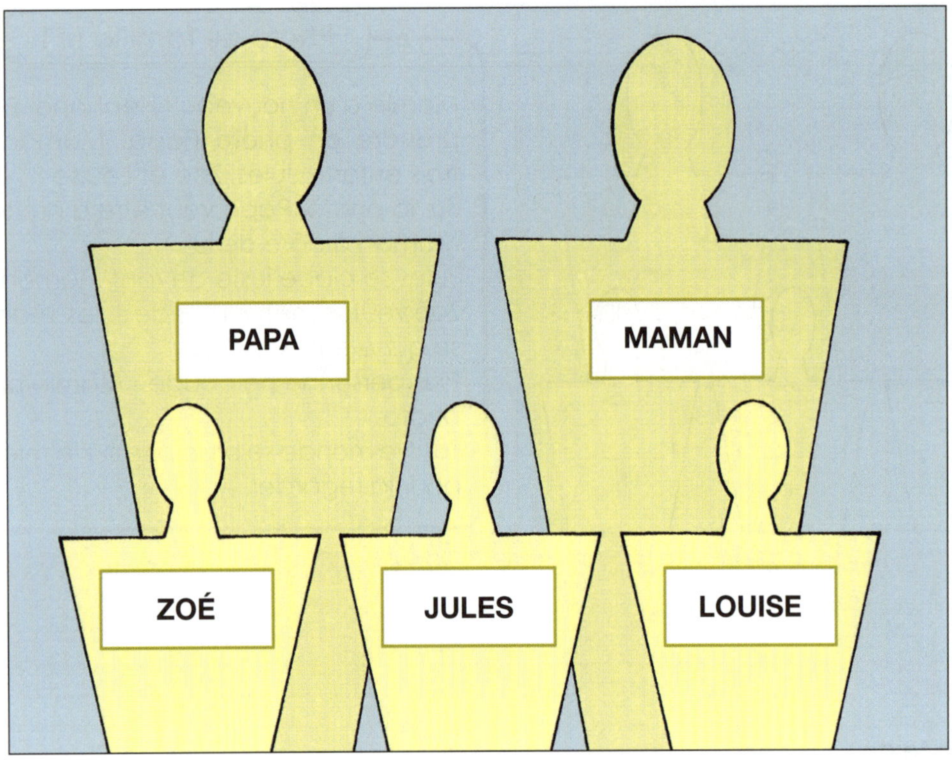

Photo de famille n°3

Mamie fait une troisième photo. Papa et Maman se mettent .... les enfants.

Sur la photo Maman est ...., Papa est ....

Zoé est .... Papa. Maman est .... Louise.

Jules est .... Zoé et Louise.

Plus personne ne bouge ! Mamie prend la photo.

NOM : ....

Prénom : ....

Fiche élève 3

1. **Trace l'itinéraire indiqué par le message.**
Entoure les indicateurs d'espace utilisés.
Souligne les verbes et entoure leur terminaison.

Message pour Enzo

Tu avances dans l'allée.
Tu passes devant le pommier.
Tu tounes à gauche.
Tu passes au bord du bassin des poissons rouges.
Tu continues tout droit.
Tu tournes à droite.
Tu passes entre deux massifs de fleurs.
Tu vas jusqu'au sapin.
Tu regardes derrière l'arbre et tu auras une surprise !

2. **Recopie les trois indicateurs d'espace que tu n'avais pas encore utilisés :**

....

....

....

Fiche élève 3

NOM : ……………………………………

Prénom : ……………………………………

3.a. Lis le message.

b. Complète le texte avec des indicateurs d'espace :
entre – à gauche – à droite – jusqu' – derrière – dans – tout droit

Message pour Enzo

Tu avances dans l'allée.
Tu tournes ……………………………………
Tu tournes ……………………………………
……………………………………………………

**4. Trace un itinéraire sur l'image
et écris un message à Enzo pour qu'il se rende jusqu'au sapin.**

Message pour Enzo

Tu avances dans l'allée.
Tu ……………………………………………
……………………………………………………
……………………………………………………
……………………………………………………

NOM : ....

Prénom : ....

Fiche élève 4

1.a. Lis le texte.
Indique le nombre de phrases : ....
Mets en couleur les majuscules et les points.
Souligne les verbes et entoure leur terminaison.

b. Complète le texte avec les indicateurs d'espace suivants : ***devant – à gauche – à droite – tout droit – jusqu' – entre – sur – au-dessus – en face – vers***

Nous sortons de l'école, nous tournons .... puis .... Nous passons .... l'église et nous tournons aussitôt .... Nous continuons .... Nous prenons la rue .... du cinéma. Nous passons .... la poste et la mairie puis .... le pont, ... du canal. Nous prenons tout de suite à droite et nous allons .... à la fin de la rue .... la patinoire.

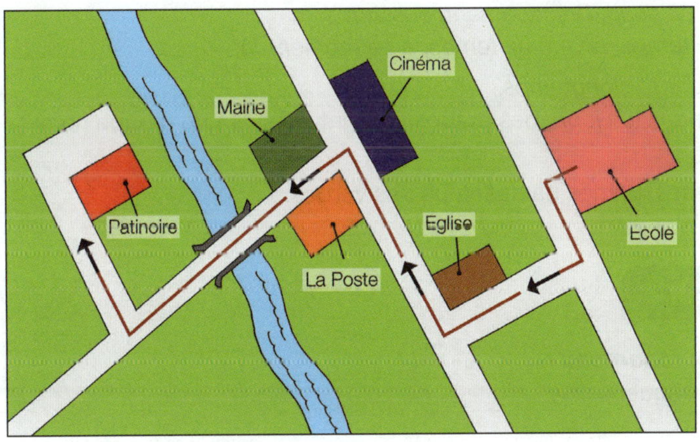

c. Recopie les quatre indicateurs d'espace que tu n'avais pas encore utilisés.

....

2. Écris un texte au présent pour indiquer l'itinéraire pour aller de la piscine à l'école.
Utilise des indicateurs d'espace.

....

....

....

....

....

....

Séquence 5

Employer des indicateurs de temps et les utiliser pour raconter une histoire CE1

> Il s'agit dans cette séquence d'identifier des indicateurs de temps, de les lister, d'apprendre à les employer puis de les utiliser pour raconter une histoire. Ces indicateurs de temps pourront également être utilisés pour relater un événement vécu, rédiger une fiche de bricolage ou une recette...

Informations théoriques

Dans un texte ou dans une phrase, les indicateurs de temps sont des mots ou groupes de mots qui organisent la temporalité dans le récit.

Dans un récit, ils indiquent une date, une heure, le moment où se passent les événements : *un jour, un soir, un matin, au mois de, le premier jour de l'année, hier, aujourd'hui, demain, la veille.*

Ils situent les événements les uns par rapport aux autres :
- succession : *d'abord, puis, ensuite, enfin, bientôt, après, quelques jours plus tard, hier/aujourd'hui/demain, maintenant, ce soir, aussitôt, et ;*
- soudaineté : *soudain, tout à coup, brusquement, aussitôt ;*
- simultanéité : *pendant ce temps, en même temps, à ce moment-là.*

Ils indiquent la durée : *pendant..., longtemps.*
Ce sont des groupes nominaux (*un jour*), des prépositions introduisant un groupe nominal (*après ce jour*), des adverbes (*hier, soudain*).

La notion de temps est aussi exprimée par le temps des verbes.

Supports pour l'écriture

- Le texte ***Le déjeuner des renardeaux***.
- Quatre bandes d'images séquentielles.
- Les fiches élèves 1 à 7.

Connaissances et compétences associées

- Commencer à mettre en œuvre une démarche de production écrite : rechercher des idées, écrire, réviser.
- Connaitre et utiliser des indicateurs de temps.
- Comprendre leur rôle.
- Élaborer une phrase.
- Relier des phrases avec des indicateurs de temps.
- Réviser et améliorer l'écrit produit.

SÉANCE 1 > Identifier, collecter et employer des indicateurs de temps (1)

- Projeter le texte ou l'écrire au tableau (Lea.fr). Le lire puis le faire lire.

Le déjeuner des renardeaux

Au printemps, chaque matin, vers quatre ou cinq heures, la renarde apporte le déjeuner des renardeaux : un lièvre ou un oiseau. La mère surveille ses petits pendant qu'ils mangent.

Ensuite, elle s'éloigne le long de la haie. Les petits veulent l'accompagner, mais elle s'arrête brusquement, tourne la tête vers les renardeaux et les regarde fixement.

Puis, elle reprend sa course, les jeunes la laissent partir seule, sans insister.

Observer les trois paragraphes et compter le nombre de phrases dans chaque paragraphe. Bien distinguer ligne et phrase. Expliquer le mot *haie* (un ensemble de petits arbres serrés les uns contre les autres et qui forment comme un petit mur) et *regarde fixement* (regarde sans bouger les yeux).
Poser les questions de compréhension suivantes : *De quels animaux parle-t-on ? Qu'apporte la renarde aux renardeaux ? Que fait-elle pendant qu'ils mangent ? Que fait-elle ensuite ? Qu'est-ce qui empêche les renardeaux de suivre leur mère ?*

- Faire indiquer les différentes manières dont la renarde et les petits sont désignés : groupes de mots (*la renarde, la mère, des renardeaux, ses petits les petits, les jeunes*), pronoms (*elle, la, ils, les*).

- Expliquer aux élèves que dans un texte qui raconte une histoire, il y a des petits mots qui indiquent quand se passe ce qui est raconté, ce qui se passe en premier, après, en même temps… Ces mots sont des indicateurs de temps. Surligner les mots donnant des indications de temps à partir des questions suivantes : *À quelle période de l'année se passe ce qui est raconté ? À quel moment de la journée ? À quelle heure ? Quand la mère surveille-t-elle ses petits ? Quel mot indique à quel moment elle s'éloigne et quand elle reprend sa course ? Comment s'arrête la renarde ?*
Écrire ces mots dans les colonnes suivantes sur une affiche sans expliquer pour l'instant le classement.

1	2	3	4
au printemps chaque matin vers quatre ou cinq heures	ensuite puis	brusquement	pendant que…

- Donner la **fiche élève 1**. Réaliser les **activités1** et **2** qui reprennent ce qui a été vu précédemment.
Pour l'**activité 3**, indiquer aux élèves de bien regarder la manière dont les indicateurs de temps sont orthographiés dans le texte. Quand les mots sont écrits, faire vérifier qu'ils sont écrits sans erreur.
Réaliser l'**activité 4** : indiquer aux élèves qu'ils doivent dire la phrase dans leur tête avant de l'écrire et que lorsqu'ils l'écrivent, ils ne doivent pas oublier la majuscule ni le point. Passer auprès de plusieurs élèves pour qu'ils disent la phrase à voix basse avant de l'écrire et vérifier ainsi que la phrase est syntaxiquement correcte.
Faire vérifier par chacun la présence de la majuscule et du point. Ajouter l'indicateur de temps *dans la matinée* dans la colonne 1.

SÉANCE 2 > Identifier, collecter et employer des indicateurs de temps (2)

- Donner la **fiche élève 2**. Lire puis faire lire le texte **(activité 1)**. Faire remarquer les trois paragraphes et expliciter ce qui est raconté dans chacun d'eux. Laisser les élèves répondre à la question **(activité 2)**. Énoncer le début de la phrase oralement (*Pitou est…*) puis la faire écrire complétée. Vérifier ensuite que chacun a écrit une phrase syntaxiquement correcte avec une majuscule et un point.

- Nommer les différentes actions de Pitou dans l'ordre dans lequel il les fait : il descend de l'arbre, il regarde partout, il prend des noisettes, il remonte les cacher, il fait des allers retours, il se sauve, il rentre dans son trou.
Puis laisser les élèves réaliser l'**activité 3**. Accompagner les élèves qui en ont besoin en les aidant à repérer les mots à recopier. Leur indiquer de bien regarder la manière dont les indicateurs de temps sont écrits dans le texte. Quand les mots sont écrits, faire vérifier qu'ils sont écrits sans erreur.
Mettre en commun : lire les mots relevés et expliciter ce qu'ils indiquent puis les inscrire sur l'affiche :
– colonne 1 : les mots qui indiquent quand se passe l'histoire : *un jour d'automne*,
– colonne 2 : les mots qui indiquent l'ordre des actions : *d'abord* – *ensuite/puis* (déjà notés) – *tout de suite* – *aussitôt* (peut aussi être écrit dans la colonne 3) – *et* (qui permet d'enchainer deux actions),
– colonne 3 : les mots qui indiquent que quelque chose arrive d'un seul coup : *tout à coup*,
– colonne 4 pour indiquer que deux évènements se déroulent en même temps : *pendant que...*
Ajouter la colonne 5 pour les mots qui indiquent combien de temps dure l'action : *durant une heure*.
On obtient le tableau suivant :

1	2	3	4	5
au printemps chaque matin vers quatre ou cinq heures dans la matinée en automne	ensuite puis d'abord tout de suite aussitôt et	brusquement tout à coup	pendant que...	durant une heure

- Réaliser l'**activité 4**. Lors de la mise en commun, demander à chacun de vérifier s'il a mis l'indicateur de temps qui convient à la bonne place. Ajouter *un peu plus tard* dans la colonne 2 de l'affiche qui regroupe les indicateurs de temps.

SÉANCE 3 > Identifier, collecter et employer des indicateurs de temps (3)

- Donner la **fiche élève 3**. Lire puis faire lire le texte **(activité 1)**. Nommer les personnages dont on parle. Remarquer et lire les paroles prononcées par les souris en respectant l'intonation donnée par le verbe introduisant ces paroles : *crient*. Réaliser l'**activité 2**.
Réaliser l'**activité 3**. Mettre en commun et ajouter que des pronoms désignent aussi les personnages : *il* – *elles* – *nous* – *vous* – *les*.
Réaliser l'**activité 4**. Leur indiquer de bien regarder la manière dont les indicateurs de temps sont orthographiés dans le texte. Lors de la mise en commun, recopier les indicateurs de temps relevés dans le tableau sur l'affiche regroupant les indicateurs de temps
On obtient le tableau suivant qui sera complété lors de la lecture de récits en littérature :

1	2	3	4	5
au printemps chaque matin vers quatre ou cinq heures dans la matinée en automne un jour ce matin le soir	ensuite puis d'abord tout de suite aussitôt et un peu plus tard quelques jours plus tard maintenant un jour prochain alors bientôt	brusquement tout à coup soudain	pendant que...	durant une heure pendant toute la journée

Réaliser l'**activité 5**. Lors de la mise en commun, demander à chacun de vérifier s'il a mis l'indicateur de temps qui convient à la bonne place et s'il y a mis une majuscule. Ajouter *pendant toute la journée* dans la colonne 2 de l'affiche qui regroupe les indicateurs de temps.

SÉANCE 4 > Employer des indicateurs de temps pour raconter une histoire (1)

- Projeter les images suivantes (Lea.fr).

Indiquer qu'on va écrire une histoire à partir de ces dessins. Faire observer et dire ce que l'on voit sur le premier dessin.
Au fur et à mesure de ce que disent les élèves, écrire au tableau les mots employés : *chat – corbeille – radiateur – chambre ou salon – dort...* Donner un nom au chat et au chien. Faire écrire sur un cahier d'essai, une phrase décrivant le dessin, rappeler qu'il ne faut pas oublier la majuscule et le point, et qu'il faut dire la phrase dans sa tête avant de l'écrire. Faire lire les phrases obtenues et corriger celles qui ne seraient pas correctes. En choisir une que l'on écrit sous le dessin. Faire de même pour chaque dessin, l'un après l'autre. Écrire au tableau les mots suivants, ou d'autres, donnés par les élèves : *chien – balle – court – saute – peur – se réveille – se dresse – poils hérissés – dos arrondi – yeux ronds – rideau – grimpe...*

- Indiquer aux élèves que les phrases écrites sous les dessins ne forment pas un texte, il faut les relier avec des mots donnant des indications de temps.
Relire l'affiche regroupant les indicateurs de temps et les quatre phrases écrites au tableau. Rechercher quel indicateur de temps on pourrait mettre au début de la première phrase pour situer l'histoire : *ce matin – un jour...*, l'ajouter. Faire de même pour la deuxième phrase en choisissant un indicateur de temps dans la colonne 3 et pour la troisième phrase dans la colonne 2. Relier la phrase du troisième dessin avec celle du quatrième en ajoutant *et*. Il est possible d'enrichir ensuite le texte, en ajoutant des précisions, pour dire par exemple que le chat dort tranquillement, en nommant le chat ou le chien de manière différente.

- Relire le texte ainsi obtenu et lui donner un titre. Donner la **fiche élève 4** et réaliser l'activité proposée qui reprend celle réalisée collectivement. Chaque élève recopie les phrases qu'il a écrites sur le cahier d'essai et ajoute des indicateurs de temps. Il peut aussi ajouter des précisions comme dans le texte réalisé collectivement. Aider les élèves à vérifier que chaque phrase comporte une majuscule au début et un point à la fin.

SÉANCE 5 > Employer des indicateurs de temps pour raconter une histoire (2)

- Donner la **fiche élève 5** et observer les dessins puis raconter oralement l'histoire. Lire les phrases à compléter. Réaliser l'activité proposée : indiquer aux élèves que plusieurs choix sont possibles parmi les indicateurs de temps proposés. Guider les élèves qui en ont besoin. Lors de la mise en commun, lire les phrases et échanger sur les indicateurs choisis par chacun. Faire vérifier par chacun que les majuscules ont été mises.

SÉANCE 6 > Employer des indicateurs de temps pour raconter une histoire (3)

- Donner la **fiche élève 6** et observer les dessins puis raconter oralement l'histoire. Demander ensuite aux élèves de formuler oralement pour chaque dessin des phrases « scriptibles » (des phrases qui pourraient être écrites). Lire les phrases en bleu et les faire compléter en s'aidant des mots donnés sur la fiche ou écrits au tableau. Indiquer aux élèves que plusieurs choix sont possibles parmi ces mots. Circuler dans les rangs pour veiller à ce que les phrases soient syntaxiquement correctes. Faire vérifier par chacun que les majuscules et les points ont été mis et que les mots recopiés l'ont été sans erreurs.
- Lire les différentes phrases écrites par les élèves. Puis leur demander de recopier les phrases qu'ils ont écrites en y ajoutant pour les premier, troisième et quatrième dessins un indicateur de temps choisi parmi ceux proposés. Indiquer aux élèves que plusieurs choix sont possibles. Guider les élèves qui en ont besoin. Lors de la mise en commun, lire les phrases et échanger sur les indicateurs choisis par chacun. Faire vérifier que les majuscules et les points ont été mis et que les mots recopiés l'ont été sans erreurs.
- Il est possible d'écrire au tableau un des textes ainsi rédigés, de l'enrichir collectivement en nommant le renard, la poule et le chien de manière différente (se reporter aux textes ***Le lion et les souris*** et ***Le déjeuner des renardeaux***) et en ajoutant des précisions sur la manière dont s'enfuit le renard, sur la peur de la poule etc.

SÉANCE 7 > Employer des indicateurs de temps pour raconter une histoire (4)

- Donner la **fiche élève 7** et et observer les dessins puis raconter oralement l'histoire. Demander ensuite aux élèves de formuler oralement pour chaque dessin des phrases « scriptibles ».
Écrire au tableau les mots dont les élèves peuvent avoir besoin ainsi que différentes manières de nommer le chat. Indiquer qu'ils doivent employer des indicateurs de temps. Laisser l'affiche les regroupant à leur disposition.
Rappeler aux élèves qu'ils doivent dire la phrase dans leur tête avant de l'écrire. Passer auprès de plusieurs élèves pour qu'ils l'énoncent à voix basse. Circuler parmi eux pour vérifier que les phrases sont syntaxiquement correctes. Les aider ensuite à réviser leur texte au niveau des majuscules, des points, de l'orthographe des mots recopiés à partir du tableau.
- Comme lors de la séance précédente, il est possible d'écrire au tableau un des textes rédigés et de l'enrichir collectivement.

NOM : ....

Prénom : ....

Fiche élève 1

1. Indique le nombre de phrases de chaque paragraphe.

Le déjeuner des renardeaux

Au printemps, chaque matin, vers quatre ou cinq heures, la renarde apporte le déjeuner des renardeaux : un lièvre ou un oiseau. La mère surveille ses petits pendant qu'ils mangent.

Ensuite, elle s'éloigne le long de la haie. Les petits veulent l'accompagner, mais elle s'arrête brusquement, tourne la tête vers les renardeaux et les regarde fixement.

Puis, elle reprend sa course, les jeunes la laissent partir seule, sans insister.

Premier paragraphe : .... phrase(s)

Deuxième paragraphe : .... phrase(s)

Troisième paragraphe : .... phrase(s)

2.a. Souligne en bleu les mots qui désignent la renarde.
b. Recopie les groupes de mots qui désignent les renardeaux.

....

....

3. Recopie les mots qui indiquent quand se passe l'histoire : les indicateurs de temps.

....

....

....

4. Écris une phrase pour indiquer quand la mère des renardeaux rentre au terrier.
Emploie l'indicateur de temps *dans la matinée* et place-le en début de phrase.

....

....

....

....

Vérifie que tu as bien mis la majuscule au début de la phrase et le point à la fin de la phrase.

Fiche élève 2

NOM : ....
Prénom : ....

1. Lis le texte.

La peur de Pitou

En automne, un jour, Pitou l'écureuil décide de faire ses réserves de noisettes pour l'hiver. D'abord, il descend de l'arbre, puis il regarde partout si personne ne vient. Ensuite, il prend quelques noisettes entre ses pattes. Tout de suite, il remonte les cacher dans le creux d'un arbre. Il fait ces allers retours durant une heure.

Tout à coup, Pitou, effrayé par un coup de fusil, lâche ses noisettes sur la tête d'une chouette endormie. Elle se réveille fâchée et elle le gronde.

Aussitôt, Pitou se sauve et il rentre dans son trou, car la chouette lui a fait peur.

2. Réponds à la question.

Qui est Pitou ?

....

....

3. Complète avec les mots qui indiquent quand se passe l'histoire : les indicateurs de temps.

...., Pitou l'écureuil décide de faire ses réserves de noisettes pour l'hiver. ...., il saute de l'arbre, regarde aux alentours si personne ne vient. .... il prend quelques noisettes entre ses pattes.

...., il remonte les cacher dans le creux d'un arbre. Il fait ces allers retours ....

...., Pitou effrayé par un coup de fusil, lâche ses noisettes sur la tête d'une chouette endormie. Elle se réveille fâchée et elle le gronde.

...., Pitou se sauve, la chouette lui a fait peur.

4. Complète la suite du texte avec les indicateurs de temps proposés :
Aussitôt – Un peu plus tard

...., Pitou passe la tête hors du trou. Il regarde partout. Plus de chouette ! ...., il recommence ses allers-retours.

Vérifie que tu as mis l'indicateur de temps qui convient.

NOM : ....
Prénom : ....

Fiche élève 3

1. Lis le texte.

Le lion et les souris

Ce matin, deux petites souris grises jouent auprès d'un lion endormi. Soudain, l'énorme animal se réveille et attrape les souris avec sa grosse patte. Maintenant, elles sont prisonnières du lion ! Les souris crient :

— S'il vous plait, laissez-nous partir. Un jour prochain, vous aurez peut-être besoin de nous. À notre tour, nous pourrons vous rendre service.

Alors, le lion regarde les souris, ouvre sa patte et les laisse partir.

Quelques jours plus tard, le lion est pris dans un filet posé par des chasseurs. Il se débat, tire sur le filet, donne des coups de griffes. Mais impossible de sortir. Alors, il rugit de toutes ses forces. Aussitôt, les deux petites souris arrivent. Elles rongent le filet et bientôt le lion est libre.

2. Souligne les paroles prononcées par les souris.

3. Écris les groupes de mots qui désignent :

le lion : ....

....

les souris : ....

....

4. Écris les mots qui indiquent quand se passe l'histoire : les indicateurs de temps.

....

5. Complète la suite du texte avec les indicateurs de temps proposés :
le soir – pendant tout la journée – alors

...., les deux petites souris grimpent sur son dos et partent avec lui.

...., elles se promènent très fières, sur le dos du lion.

...., elles regagnent leur trou.

Vérifie que tu as mis l'indicateur de temps avec une majuscule.

Fiche élève 4

NOM : ....

Prénom : ....

Titre : ....

....

....

....

....

....

....

....

....

Vérifie que tu as bien mis les majuscules et les points.

NOM : ....

Prénom : ....

Fiche élève 5

Complète les phrases avec des indicateurs de temps. Choisis parmi ceux proposés ci-dessous.
un jour – ce matin – dans la matinée – tout à coup – soudain – et – alors – aussitôt

Titre : ....

...., un jeune garçon se promène sur un chemin le long d'une haie. Il marche vite, les mains dans les poches.

...., il entend un bruit dans le ciel. Il tourne la tête pour regarder ce que c'est.

Il ne voit pas la peau de banane sur le sol .... il glisse.

...., il se retrouve par terre. Heureusement rien de cassé. Il peut reprendre sa promenade.

Vérifie que tu as mis les majuscules.

Fiche élève 6

NOM : ……………………………

Prénom : ……………………………

Complète les phrases en bleu avec les mots ou groupe de mots proposés.
près d'un bois – caché derrière une haie – guette – surveille – aperçoit – une poule – une petite poule blanche – tout doucement – sans bruit – la poule qui picore – vers – bondit – court – la forêt

Puis, recopie les phrases en ajoutant des indicateurs de temps choisis parmi ceux ci-dessous.
un soir – un matin – un jour – tout à coup – soudain – brusquement – alors – aussitôt – tout de suite

Titre : ……………………………………………

Un renard ……………………………………………

……………………………………………

……………………, un renard ……………………………

……………………………………………

Il avance ……………………………………………

……………………………………………

Un chien observe le renard et la poule.

Le chien ……………………………………………

……………………………………………

……………………, le chien ……………………………

……………………………………………

Le renard ……………………………………………

……………………………………………

……………………, le chien ……………………………

……………………………………………

Vérifie que tu as mis les majuscules et les points.

NOM : ....

Prénom : ....

Fiche élève 7

Écris une ou deux phrases en face de chaque dessin.
Emploie des indicateurs de temps.
Écris un titre.

Titre : ....

....

....

....

....

....

....

....

....

....

....

....

....

....

....

....

Vérifie que tu as mis les majuscules, les points et que tu as employé des indicateurs de temps.

Séquence 6

Utiliser des verbes et des mots de liaison pour expliquer une recette CE1

> Il s'agit au cours de cette séquence d'identifier la structure d'une recette, de lister les verbes donnant les consignes de réalisation ainsi que les mots de liaison utilisés (indicateurs de temps marquant la succession) et de les employer.

Informations théoriques

La recette décrit un certain nombre d'actions à réaliser dans un ordre chronologique souvent indiqué par des numéros. Les ingrédients et le matériel nécessaires sont indiqués au début de la recette. Souvent, des photos ou des dessins aident à la compréhension pour la réalisation. Les textes comportent des verbes d'action propres au champ lexical de la recette à réaliser ainsi que des mots indiquant la succession et la durée des actions.

Supports pour l'écriture

- Des recettes.
- Les fiches élèves 1 à 4.

Connaissances et compétences associées

- Commencer à mettre en œuvre une démarche de production écrite : rechercher des idées, écrire, réviser.
- Connaitre et utiliser des mots de liaison indiquant la succession et la durée.
- Connaitre et utiliser des verbes d'action.
- Élaborer des phrases avec des verbes d'action.
- Relier des phrases avec des mots de liaison indiquant la succession et la durée.
- Réviser et améliorer l'écrit produit

SÉANCE 1 > Identifier, collecter et employer des verbes d'action et des mots de liaison

- Donner aux élèves la **fiche élève 1**. Lire le texte de la recette puis le faire lire.
  Repérer les différentes parties de la recette : les ingrédients, le matériel et l'explication. Entourer ces trois parties avec des couleurs différentes **(activité 1)**. Demander aux élèves de repérer le numéro devant chaque étape qui permet de connaitre l'ordre dans lequel les actions sont réalisées.
- Réaliser l'**activité 2** de la **fiche élève 1** pour mettre en évidence les verbes d'action employés dans la recette. Les lister sur une affiche. Indiquer qu'ils seront collectés à l'infinitif.
  brosser – éplucher – enlever – séparer – couper – ajouter – mélanger – verser – placer – remuer – remplir
- Avec l'**activité 3** de la **fiche élève 1**, mettre en évidence l'ordre chronologique de la recette.
  Relire la recette dans l'ordre chronologique. Indiquer aux élèves que les numéros nous aident à connaitre l'ordre, mais qu'il y a également des mots ou des groupes de mots placés souvent au début des phrases qui relient les étapes les unes aux autres et indiquent la succession dans le temps des actions ou leur durée.
- Réaliser l'**activité 4** de la **fiche élève 1** et écrire les mots manquants à leur place. Constater que *puis* et *ensuite* peuvent être mis l'un comme l'autre soit au début de l'étape 3 soit au début de l'étape 4. Faire remarquer que quand l'indicateur se trouve en début de phrase, il y a une virgule après le groupe de mots. Mettre cette virgule en couleur.
  Les élèves ont travaillé sur les indicateurs de temps dans une séquence précédente. Faire relire le tableau des indicateurs de temps sur l'affiche qui avait été constituée. Constater que certains mots de liaison qui indiquent la succession des actions dans la recette y sont déjà notés : *d'abord – puis – ensuite*. Ajouter ceux qui n'y sont pas : *le lendemain* dans la colonne 1, *pendant la cuisson – pendant toute une nuit* dans la colonne 5, *après une heure de cuisson* dans la colonne 2.
- Réaliser l'**activité 5**. Dire la phrase oralement avant de l'écrire sur un cahier. Constater que l'indicateur de temps *quand la confiture est refroidie*, peut être placé au début de la phrase ou à la fin de la phrase. Faire écrire les deux phrases possibles en indiquant de placer une virgule après *refroidie* si l'indicateur de temps est placé en début de phrase. Quand les phrases sont écrites, faire vérifier par chacun qu'aucun mot n'a été oublié et que la phrase commence par une majuscule et se termine par un point.

SÉANCE 2 > Activité décrochée de grammaire

- Réaliser une séquence d'étude de la langue pour réviser le présent des verbes en *-er* avec la **fiche élève 2** afin de pouvoir compléter les recettes sans faire d'erreurs dans la conjugaison des verbes.
  Proposer aux élèves de lire les phrases de l'**activité 1**, de trouver les verbes, d'entourer les terminaisons et d'indiquer leur infinitif et faire les exercices de l'**activité 3**.
- Compléter ensuite la conjugaison du verbe *réaliser* et faire les exercices.

SÉANCES 3 et 4 > Identifier, collecter et employer des verbes d'action et des mots de liaison

- Donner la **fiche élève 3**. Lire le titre et indiquer que l'on va compléter la recette de la compote de pommes. Réaliser l'**activité 1**.
- L'**activité 2** permet d'attribuer du sens aux verbes d'action. Décrire les photos et lire les verbes avant de réaliser l'activité. Constater que les verbes sont conjugués avec le pronom *vous* : l'auteur de la recette s'adresse à celui qui va la lire en le vouvoyant. Ajouter le verbe *enlever* à la liste des verbes d'action sur l'affiche.
- L'**activité 3** permet de faire écrire des phrases pour expliquer la recette et d'employer les verbes suivants : *couper, écraser* et *ajouter*. Faire dire les phrases oralement avant de les écrire. Écrire au tableau des mots dont les élèves peuvent avoir besoin comme *en morceaux* par exemple. Quand les phrases sont écrites, faire vérifier par

chacun, qu'elles commencent par une majuscule, se terminent par un point et que les terminaisons des verbes sont correctes.
Ajouter le verbe *écraser* à la liste des verbes d'action sur l'affiche.

- Écrire au tableau les deux phrases : *Vous épluchez les pommes. Vous les coupez en deux.*
Faire remarquer qu'il y a deux actions qui correspondent chacune à une phrase.
Puis écrire la phrase suivante : *Vous épluchez les pommes et vous les coupez en deux.*
Faire remarquer qu'il n'y a plus qu'une seule phrase pour les deux actions et que ces actions sont reliées par le petit mot *et*. Réaliser l'**activité 4**. Veillez à ce que les élèves ne mettent pas de majuscule au milieu de la phrase.
- Indiquer aux élèves qu'il faut, dans cette **activité 5**, compléter la recette. Lire les indicateurs de temps puis faire écrire la première phrase au présent avec *vous* comme sujet. Pour cela, choisir l'indicateur de temps et le verbe d'action qui conviennent. Dire la phrase oralement avant de l'écrire. Faire vérifier quand elle est écrite qu'elle commence par une majuscule et se termine par un point, et que la terminaison du verbe est correcte. Faire compléter la suite de la recette avec les indicateurs de temps qui conviennent.

SÉANCE 5 > Écrire une recette

- Donner la **fiche élève 4** et indiquer aux élèves qu'ils vont écrire la recette d'une salade de fruits d'hiver.
Lire les différentes étapes de la recette. Indiquer qu'elles ne sont pas dans l'ordre.
Souligner les verbes qui indiquent les actions à réaliser.
Constater que les ingrédients et le matériel ne sont pas indiqués mais qu'il est possible de les trouver dans les étapes de la recette. Réaliser l'**activité 1**.
- Lire les indicateurs de temps. Indiquer que les verbes de la recette doivent être écrits au présent avec le pronom *tu*. Énoncer puis écrire collectivement la première phrase de la recette dans l'**activité 2**. Regrouper les élèves en difficulté pour écrire la recette avec eux, en les guidant dans la production. Laisser les autres élèves écrire la recette en autonomie.
- Quand la recette est écrite, la relire en faisant vérifier que l'ordre de réalisation est cohérent, que les majuscules et les points sont mis, et que les terminaisons des verbes sont correctes.

NOM : ....

Prénom : ....

Fiche élève 1

1. Entoure les trois parties de la recette avec des couleurs différentes.

Faire de la confiture d'oranges

Ingrédients

– *18 oranges*
– *1 kilo de sucre*

Matériel

– *une brosse*
– *un saladier*
– *un épluche-légumes*
– *un couteau*
– *une marmite*
– *une louche*

1. D'abord, on brosse les oranges sous l'eau.
2. Avec le couteau économe, on épluche les oranges.
3. Puis, on enlève les peaux blanches avec les doigts.
   On sépare les quartiers des oranges.
   On les coupe en petits morceaux dans le saladier.
4. Ensuite, on ajoute le sucre et on mélange bien avec la cuillère en bois.
   On laisse reposer pendant toute une nuit.
5. Le lendemain, on verse les oranges avec le sucre dans une marmite.
6. On place la marmite sur le feu.
   On remue le mélange avec une cuillère pendant la cuisson.
7. Après une heure de cuisson, avec la louche, on remplit les pots avec la confiture toute chaude.

Fiche élève 1

NOM : ....

Prénom : ....

2. **Relie chaque action que tu vois sur la photo au verbe en gras qui convient.**

On **brosse** les oranges.

On **épluche** les oranges.

On **enlève** les peaux blanches avec les doigts.

On **sépare** les quartiers.

On **coupe** les quartiers en morceaux.

On **ajoute** le sucre.

On **mélange** les oranges et le sucre avec une cuillère en bois.

On **verse** les oranges avec le sucre dans une marmite.

On **place** la marmite sur le feu.

On **remue** pendant la cuisson.

On **remplit** les pots.

NOM : ....
Prénom : ....

Fiche élève 1

3. Remets dans l'ordre les étapes de la recette, avec les numéros suivants.

1 2 3 4 5 6 7 8

☐ Avec l'épluche-légumes, on épluche les oranges.

☐ On sépare les quartiers des oranges.
On les coupe en petits morceaux dans le saladier.

☐ On place la marmite sur le feu.
On remue le mélange avec une cuillère pendant la cuisson.

☐ Puis, on enlève les peaux blanches avec les doigts.

☐ D'abord, on brosse les oranges sous l'eau.

☐ Le lendemain, on verse les oranges avec le sucre dans une marmite.

☐ Après une heure de cuisson, avec la louche, on remplit les pots avec la confiture toute chaude.

☐ Ensuite, on ajoute le sucre et on mélange bien avec une cuillère en bois.
On laisse reposer pendant toute une nuit.

4. Recopie les indicateurs de temps à leur place.
Puis – Après une heure de cuisson – Le lendemain – pendant la cuisson – Ensuite – D'abord – pendant toute une nuit

1. ...., on brosse les oranges sous l'eau.

2. Avec l'épluche-légumes, on épluche les oranges.

3. ...., on enlève les peaux blanches avec les doigts.
On sépare les quartiers des oranges.
On les coupe en petits morceaux dans le saladier.

4. ...., on ajoute le sucre et on mélange bien.
On laisse reposer ....

5. ...., on verse les oranges avec le sucre dans une marmite.

6. On place la marmite sur le feu.
On remue le mélange avec une cuillère ....

7. ...., avec la louche, on remplit les pots avec la confiture toute chaude.

5. Écris une phrase avec le pronom *on*, pour terminer la recette. Indique aussi qu'il est possible de déguster la confiture sur du pain quand elle est refroidie.

....

....

Fiche élève 2

NOM : ....
Prénom : ....

1. Souligne le verbe, entoure la terminaison du présent. Indique l'infinitif de chaque verbe.

Tu ramasses des fruits. ....

Vous achetez des oranges. ....

Je découpe du papier. ....

Le garçon déguste la confiture. ....

On prépare le matériel. ....

Les enfants aiment les clémentines. ....

Nous décorons la classe. ....

2. Complète les terminaisons du verbe *réaliser* au présent.

je réalis.........
tu réalis.........
il/elle/on réalis.........

nous réalis.........
vous réalis.........
ils/elles réalis.........

3. Écris le verbe comme il convient.

On brosse les oranges.
Tu .... les oranges.

On lave les pommes.
Je .... les pommes.

Vous épluchez les fruits.
Tu .... les fruits.

Nous remuons la confiture.
Vous .... la confiture.

Je verse le mélange dans la marmite.
Elles .... le mélange dans la marmite.

Il place la marmite sur le feu.
Tu .... la marmite sur le feu.

Tu sépares les quartiers des oranges.
Il .... les quartiers des oranges.

On coupe les oranges en morceaux.
Vous .... les oranges en morceaux.

NOM : ....
Prénom : ....

Fiche élève 3

1. Relie chaque groupe nominal à ce qu'il désigne.

Pour faire de la compote

Matériel

une casserole •
une passoire •
une cuillère en bois •
un épluche-légumes •

• *un verre*
• *une fourchette*
• *une cuillère à soupe*
• *un couteau*

Ingrédients

2 kilos de pommes •
un sachet de sucre vanillé •

• *une cuillère à soupe de sucre en poudre*
• *verre d'eau*

Complète la phrase.

Avant de commencer, on prépare .... et ....

Fiche élève 3

NOM : ....
Prénom : ....

2. **Relie chaque action que tu vois sur la photo au verbe en gras qui convient.**

Vous **lavez** les pommes.

Vous **épluchez** les pommes.

Vous **coupez** les pommes en deux.

Vous **enlevez** les pépins.

Vous **versez** les pommes dans une casserole.

Vous **ajoutez** le sucre.

Vous **mélangez**.

NOM : ....

Prénom : ....

Fiche élève 3

3. Complète la phrase pour indiquer l'action représentée sur la photo. Utilise le verbe *couper*.

Mets le groupe de mots indiquant l'ustensile utilisé en début de phrase.

...., vous ....

les moitiés de pommes en morceaux.

Écris une phrase pour indiquer l'action représentée sur la photo. Mets le groupe de mots qui indique l'ustensile utilisé en fin de phrase. Utilise le verbe *écraser* avec le pronom *vous*.

...., ...

....

Écris une phrase pour indiquer l'action représentée sur la photo. Utilise le verbe *ajouter* avec le pronom *vous*.

....

....

4. Écris une seule phrase avec ces deux phrases. Emploie le petit mot *et*.

Vous placez sur le feu. Vous laissez cuire pendant quinze minutes.

....

....

Fiche élève 3

NOM : ....
Prénom : ....

5. Complète avec les mots ou groupes de mots proposés.
quand la compote est froide – ensuite – d'abord – puis – enfin – à la fin de la cuisson – et – et

1. ...., vous lavez les pommes.

2. ...., vous les épluchez .... vous les coupez en deux.

3. Avec le couteau, vous enlevez les pépins. ...., vous coupez les moitiés de pommes en morceaux.

4. Vous versez les pommes dans une casserole.

5. ...., vous ajoutez le sucre en poudre, le sucre vanillé et l'eau.

6. Vous mélangez bien. Vous placez sur le feu .... vous laissez cuire pendant quinze minutes.

7. ...., vous écrasez les pommes avec une fourchette.

8. ...., vous pouvez la déguster.

NOM : ....
Prénom : ....

Fiche élève 4

1. Lis les étapes de la recette.

Réaliser une belle salade de fruits d'hiver
mélanger – couper les oranges et les bananes en rondelles avec un couteau dans un saladier – éplucher les cinq oranges avec un épluche-légumes – placer au frais avant de déguster – enlever la peau des trois bananes – ajouter trois cuillères à soupe de sucre

Souligne les verbes qui indiquent les actions à faire.
Puis complète la liste des ingrédients et du matériel.

Ingrédients	Matériel
–	– ....
–	– ....
–	– ....
	– ....

2. Lis les indicateurs de temps suivants :
d'abord – puis – ensuite – enfin – pendant deux heures

Puis complète la recette de la salade de fruits en t'aidant des étapes de l'activité 1.
Emploie le pronom tu et conjugue les verbes au présent.

Pour réaliser une belle salade de fruits d'hiver

1. ...., tu ....

.... et tu enlèves ....

2. ...., tu ....

....

3. ...., tu ....

et tu .... bien.

4. ...., on ajoute le sucre et on mélange bien.

On laisse reposer ....

5. ...., ...

....

Séquence 7

Enchainer des phrases pour écrire un texte narratif et l'enrichir lexicalement CE1

> Il s'agit ici dans un premier temps de comprendre une histoire inspirée de la fable de La Fontaine *Le renard et la cigogne* présentée sous forme d'images séquentielles non accompagnées d'écrit. La séquence consistera ensuite à légender chaque image par une phrase, étape intermédiaire entre compréhension de l'histoire et écriture du texte.

Informations théoriques

Un récit a une structure particulière : phase initiale, événement déclencheur, péripéties et phase finale. Un texte narratif rapporte une succession de faits qu'il faut organiser selon la structure précitée. Écrire un texte narratif impose d'enchainer des phrases avec des indicateurs de temps, d'utiliser des substituts pour désigner les personnages, d'enrichir lexicalement le texte pour permettre au lecteur de se représenter l'histoire en l'absence d'images.

Supports pour l'écriture

- Les images séquentielles illustrant la fable de La Fontaine ***Le Renard et la Cigogne***.
- Les fiches élèves 1 à 6.

Connaissances et compétences associées

- Commencer à mettre en œuvre une démarche de production écrite : rechercher des idées, écrire, réviser.
- Rédiger des phrases syntaxiquement structurées pour légender des images séquentielles.
- Écrire un texte en utilisant des groupes nominaux substituts et des mots de liaison.
- Enrichir le texte lexicalement.
- Réviser et améliorer l'écrit produit.

UNE FABLE DE LA FONTAINE

Le Renard et la Cigogne

SÉANCE 1 > Découvrir la structure du récit

- Projeter le texte ou le donner à lire sur papier (Lea.fr). Lecture silencieuse. Inviter ensuite les élèves à répondre aux questions de la fiche élève 1 pour découvrir la structure d'un récit. Avant de réaliser les activités de cette fiche, expliquer le mot *péripéties* (ce qui arrive). Rappeler aux élèves qu'ils ne doivent pas oublier la majuscule en début de phrase et le point en fin de phrase.

Le Petit Chaperon rouge

Un jour, la maman du chaperon rouge prépare une bonne galette. Elle dit ensuite au petit chaperon rouge d'aller porter la galette à sa grand-mère malade.

Soudain, la petite fille rencontre le méchant loup. Elle ne sait pas qu'il est dangereux. L'animal lui demande où elle va et la petite lui donne imprudemment l'adresse de sa grand-mère.

Immédiatement, le loup cruel se précipite chez la pauvre grand-mère. Pendant ce temps, la gentille petite fille cueille des fleurs pour sa mamie.

Bientôt, le rusé animal arrive chez la grand-mère. Aussitôt, il n'en fait qu'une bouchée car il est affamé.

Un peu plus tard, la fillette frappe à la porte de sa mère-grand, et elle entre tranquillement dans la maison. Tout d'abord, elle croit voir sa grand-mère dans le lit. Mais elle trouve que sa mamie a de longues dents. Le loup féroce se jette alors sur le chaperon rouge et la dévore.

Enfin un chasseur entre dans la maison car il a entendu le loup ronfler. Il ouvre le ventre du loup et libère la grand-mère et la fillette.

Version courte d'après le conte de Jacob et Wilhelm GRIMM

- Après réponses données aux questions de la fiche élève 1, en l'absence du texte et de la fiche, faire retrouver oralement phase initiale, péripéties et phase finale.
- Chaque réponse donnée sur la fiche élève 1 constitue donc la trame du conte. Cela prépare les élèves à élaborer ensuite la trame écrite de l'histoire ayant le renard et la cigogne pour protagonistes sur les fiches élèves 2 et 3.

SÉANCE 2 > Exploiter les trois premières images séquentielles et les légender

Remarque : le récit en images ne donnera pas à voir la phase initiale de l'histoire, les élèves auront donc à l'imaginer ensuite. La fiche élève 1 les y aura préparés.

- Présenter la planche d'images (p. 74 et sur Lea.fr), titre de la fable dissimulé et chaque image recouverte au départ d'un cache pour une découverte progressive de l'histoire.

  Image 1 : Découvrir le personnage dans sa cuisine. Le décrire (museau allongé). Énumérer ce que l'on voit sur la table. Décrire ce que fait le renard. Au vu des légumes et de la casserole remplie d'eau, appréhender qu'il prépare un potage. S'interroger : *Pour qui le renard prépare-t-il le potage ? Pour lui seul ? Pour un ou une invitée ?* Remarquer les signes sur le mur, à gauche de l'image. Chercher à les interpréter. Expliquer qu'ils donnent une impression de rapidité dans l'action. Le renard semble travailler vite. Il ne prend pas beaucoup de temps pour cuisiner. Ceci est en conformité avec la fable de La Fontaine. Demander aux élèves s'ils auraient envie de partager son repas.
  Noter au tableau les mots employés au cours de la description de l'image et dans lesquels les élèves pourront puiser pour légender l'image sur la fiche élève : *renard – épluche – prépare – cuisine – repas – poireau – carotte – pomme de terre – sel – casserole – remplie – eau – potage – est…*

  Image 2 : Découvrir que le renard a une invitée, une cigogne. La décrire avec son long bec et son plumage blanc. Remarquer les échanges de regards entre les deux animaux. Remarquer les traits au-dessus de la cigogne et interpréter (ils expriment ses ressentis). Imaginer ce qu'elle ressent.

Mots notés au tableau : *cigogne – invitée – renard – à table – a servi – potage – assiette – mange – ne peut pas manger – bec – bol au long col – attraper – nourriture – observe.*

Image 3 : S'intéresser à l'activité de la cigogne. *Que fait-elle ?* (elle lit une lettre). Demander : *Qui écrit à qui ?* Remarquer la formule « Cher renard ». Demander : *Pourquoi la cigogne a-t-elle écrit au renard ? Quand doit-il venir ?* À quel repas : *déjeuner ? dîner ?* Définir les mots *déjeuner* (repas de midi) et *dîner* (repas du soir). S'étonner de cette invitation.
Mots notés au tableau : *cigogne – écrit – invite – lettre – à déjeuner – à dîner – renard – jeudi…*

- Sur la fiche élève 2, écrire une phrase à côté de chacune des trois images exploitées pour les légender. Accompagner les élèves dans la rédaction des phrases en apportant l'aide nécessaire pour écrire des phrases syntaxiquement structurées, ne pas oublier majuscules et points.
- Collectivement ensuite, en dictée à l'adulte, écrire une phrase pour légender chaque illustration découpée et affichée au tableau. Ce sont ces phrases qui, communes à la classe, serviront ensuite à l'écriture du texte organisé avec des substituts et de mots de liaison, puis enrichi lexicalement.

À la fin de séance, relire les phrases écrites ainsi collectivement.

SÉANCE 3 > Exploiter les trois dernières images séquentielles

Image 4 : Situer le lieu (cuisine). Énumérer ce que l'on voit sur la table. Décrire ce que fait la cigogne. Imaginer quel plat elle peut préparer. Comparer l'image 4 à l'image 1. Constater, sur l'image 4, la présence d'un grand faitout et de nombreux ingrédients et, sur l'image 1, peu de nourriture. Remarquer que la cigogne tourne tranquillement la cuillère en bois à l'inverse du renard plus agité. Demander aux élèves s'ils aimeraient être invités chez la cigogne.
Mots notés au tableau : *faitout – tourne – cuillère en bois – fourchette – prépare – légumes – viande – sel – casserole – couteau – repas – cuisine.*

Image 5 : Demander : *Où se passe la scène ?* Repérer les deux bulles et les distinguer (bulle de parole ; bulle de pensée). Les lire. D'abord la bulle de parole à mettre en relation avec la présence du rôti sur le meuble de l'entrée. Puis, lire la bulle de pensée. S'interroger : *pourquoi le renard sera-t-il déçu ?* en se reportant notamment à l'image 4 où la préparation culinaire en cours semble annoncer un bon repas. Anticiper.
Mots notés au tableau : *arrive – ouvre – porte – entre – dit – entrée – sent – odeur – se régaler – rôti – pense – déçu.*

Image 6 : Décrire les deux personnages de nouveau à table, mais chez la cigogne cette fois. Comparer cette image à l'image 2 et constater que la situation s'est inversée. Le renard ne mange pas, mais la cigogne avec son bec peut attraper les morceaux de viande qui flottent dans le potage. Expliquer pourquoi le renard ne peut pas manger (bol à long col étroit). Observer l'expression du renard. Noter le signe dessiné au-dessus de sa tête. Interpréter : il est en colère.
Mots notés au tableau : *vase long – col – étroit – trop – long – mange – bec – ne peut pas attraper – nourriture – a faim.*

- Sur la fiche élève 3, démarche similaire à celle à adopter pour la fiche élève 2 :
  1) accompagnement des élèves dans la rédaction des phrases ;
  2) dictée à l'adulte des phrases qui serviront de base, séance suivante, à l'organisation du texte avec des substituts.

Pour finir, relire de l'ensemble des phrases dictées. Ne revenir ensuite à cette planche que séance 6.

SÉANCE 4 > Organiser le texte en écrivant la phase introductive et en employant des substituts

- Relire le texte ***Le Petit Chaperon rouge*** et encadrer le paragraphe exposant le début de l'histoire.

  Un jour, la maman du chaperon rouge prépare une bonne galette. Elle dit ensuite au petit chaperon rouge d'aller porter la galette et un pot de beurre à sa grand-mère malade.

- Constater que les images séquentielles ne racontent pas le tout début de l'histoire.
  Imaginer l'évènement déclencheur qui a conduit le renard à inviter la cigogne. Recueillir les propositions, puis collectivement faire un choix et dicter à l'adulte deux phrases pour relater la phase initiale de l'histoire.

Exemple : *Un jour, un renard rencontre une cigogne. Il l'invite à venir déjeuner dans sa maison.*

- Relire entièrement le texte ***Le Petit Chaperon rouge***. Collectivement, rechercher le pronom et les groupes nominaux qui désignent le petit chaperon rouge et les souligner en rouge. Puis, souligner en marron le pronom et les substituts utilisés pour le loup. Remarquer que les groupes nominaux apportent des informations sur les personnages. Constater que ces mots permettent d'éviter les répétitions. Souligner ensuite, en vert, comment la grand-mère est désignée.

  Sur la **fiche élève 4**, préciser aux élèves qu'ils doivent nommer les personnages de l'histoire présentée en images séquentielles en utilisant des pronoms et des groupes nominaux (substituts).

  Passer auprès de chaque élève et rappeler qu'il ne faut pas oublier majuscules et points. Aider au besoin les élèves qui rencontreraient des difficultés. Lors de la mise en commun, lire les différents textes obtenus.

SÉANCE 5 > Organiser le texte avec des mots de liaison

- Relire le texte ***Le Petit Chaperon rouge***, collectivement, entourer les marqueurs de temps. Repérer leur place dans chaque phrase. Rappeler leur rôle : indiquer l'ordre dans lequel les faits se passent (voir séquence 5).
- Repérer, dans le texte, d'autres mots de liaison :
  1) le mot *mais* qui marque une opposition entre le fait que la petite fille croit voir sa grand-mère (phrase précédente) et le fait qu'elle trouve que sa mamie a de grandes dents ;
  2) le mot *car* qui relie la première partie de la phrase (le chasseur entend ronfler le loup) à la seconde partie de la phrase (il entre dans la maison) en justifiant le fait d'entrer dans la pièce par le fait que le personnage a entendu ronfler le loup dans la maison. Écrire sur une affichette les mots relevés dans le texte. Afficher.
- Réaliser l'**activité** de la **fiche élève 5**. Mettre en commun pour revenir sur les erreurs qui ont pu être commises. Lire les différents textes obtenus. Remarquer que certains marqueurs de temps peuvent se substituer les uns aux autres : *puis – après – ensuite – le lendemain*, sans affecter le sens. Compléter l'affichette avec les marqueurs de temps de la fiche élève 5 non encore relevés.

SÉANCE 6 > Enrichir le texte lexicalement

- Revenir à la planche d'images pour mieux comprendre l'histoire et enrichir le texte.
  S'intéresser aux deux personnages pour appréhender comment chacun se comporte. S'attacher à la façon dont mange le renard (image 2). Introduire l'adverbe *gloutonnement* et l'expliquer. Puis indiquer que le renard *lape* le potage. Définir ce verbe. Se mettre ensuite à la place de la cigogne. Revenir sur ce qu'elle peut éprouver à table alors qu'elle est invitée et qu'elle ne peut pas manger (tristesse). Introduire l'adjectif *malheureuse*. Demander pourquoi elle écrit « Cher Renard » (image 3). Commenter : elle s'adresse à lui aimablement. Maintenant que les élèves connaissent l'histoire, faire reformuler pourquoi elle peut bien agir ainsi (pour mieux tromper le renard). Rappeler qu'elle semble préparer un bon repas ensuite. Introduire l'adjectif *délicieux*. Attirer l'attention sur le contenu de la bulle de pensée et là encore se mettre à la place de la cigogne pour mieux comprendre qu'elle se moque du renard (image 5). Dire qu'elle est *malicieuse* et introduire l'adverbe *malicieusement*. Comprendre que le bon repas préparé (image 4) n'est que pour elle puisque le renard ne pourra pas manger. Introduire l'adjectif *délicieux*, puis le verbe *se régaler*. Inviter ensuite les élèves à se mettre à la place du renard.
- Relire la bulle de parole. Le renard se réjouit en voyant le rôti découpé (prêt à être mangé) et en sentant la bonne odeur (de viande). Introduire l'adjectif *appétissant* et l'associer à l'odeur (une odeur appétissante). Observer le renard sur la dernière image. Se mettre de nouveau à sa place. La nourriture doit sentir bon. S'il est déçu, il semble surtout très en colère. Introduire l'adjectif *furieux*. Demander ce qu'éprouve alors la cigogne à ce moment.
- Avant de faire réaliser les **activités** de la **fiche élève 6**, indiquer à la classe qu'il faut enrichir le texte avec des adverbes pour préciser les actions, des adjectifs pour enrichir le groupe nominal et des verbes pour préciser les actions des personnages. Accompagner les élèves dans la formulation puis dans l'écriture des phrases.

  Conserver ce texte finalisé ainsi que la planche pour y revenir au besoin avant d'écrire un autre texte narratif à partir d'images séquentielles.

Fiche élève 1

NOM : ....
Prénom : ....

Le Petit Chaperon rouge

Réponds par une phrase aux questions suivantes pour résumer l'histoire.

I. Début de l'histoire

Que demande la maman à sa fille ?

....

....

....

II. Péripéties

Qui la petite fille rencontre-t-elle en chemin ?

....

....

....

Que fait-elle ensuite ?

....

....

....

Que fait l'animal ?

....

....

....

Que se passe-t-il quand la petite fille arrive ?

....

....

....

III. Fin de l'histoire

Comment se termine l'histoire ?

....

....

....

NOM : ....

Prénom : ....

Fiche élève 2

Le Renard et la Cigogne (1)

**Écris une phrase au présent à côté de chacune des images suivantes pour raconter ce que font les personnages. Aide-toi des mots écrits au tableau.
N'oublie pas le point à la fin des phrases.**

....

....

....

....

....

....

....

....

....

....

....

....

....

....

....

Fiche élève 3

NOM : ....

Prénom : ....

Le Renard et la Cigogne (2)

Écris une phrase au présent à côté de chacune des images suivantes pour raconter ce que font les personnages. Aide-toi des mots écrits au tableau.
N'oublie pas le point à la fin des phrases.

....

....

....

....

....

....

....

....

....

....

....

....

....

....

....

NOM : ....

Prénom : ....

Fiche élève 4

Le Renard et la Cigogne (3)

Recopie les phrases en remplaçant les mots en gras par les pronoms : ***il, elle,*** **ou les groupes nominaux suivants :** ***l'invité – l'invitée – l'animal rusé – l'oiseau blanc – le vilain renard – l'animal au long bec – l'animal au museau pointu – la maligne cigogne*****.**
Tu ne peux employer chaque groupe nominal qu'une seule fois.

Dans sa cuisine, **le renard** épluche des légumes pour faire un potage.

....

....

À table, **le renard** mange le potage.

....

....

La cigogne ne peut manger le potage dans une assiette.

....

....

La cigogne invite **le renard** à diner.

....

....

La cigogne prépare le repas dans sa cuisine.

....

....

Le renard sent l'odeur de la viande dans la maison de la cigogne.

....

....

La cigogne pense qu'il sera déçu.

....

....

À table, **la cigogne** mange.

....

....

NOM : ....

Prénom : ....

Fiche élève 5

Le Renard et la Cigogne (4)

Complète le texte en ajoutant des mots de liaison : *une autre fois – mais – car – alors – puis – aussitôt – après – ensuite – le jeudi soir – le lendemain.*

Tu ne dois employer chacun de ces mots qu'une seule fois.

Un jour, un renard rencontre une cigogne dans les bois. ...., le renard invite à déjeuner la cigogne. ...., dans sa cuisine, il épluche des légumes pour faire un potage. .... l'animal rusé mange le potage. .... l'invitée ne peut pas manger le potage dans une assiette.

...., la maligne cigogne invite le vilain renard à dîner. ...., elle prépare le repas dans sa cuisine. ...., l'animal au museau pointu sent l'odeur de viande. Le grand oiseau blanc pense .... qu'il sera déçu.

À table, ..., l'animal au long bec mange. Mais, l'invité ne peut pas manger .... le vase a un col trop étroit.

NOM : ....

Prénom : ....

Fiche élève 6

Le Renard et la Cigogne (5)

Enrichis le texte avec les mots suivants :

tranquillement – malicieusement – gloutonnement – rapidement – aimablement – grand – malheureuse – furieux – méchant – contente – bon – délicieux – appétissante – laper – se régaler.

Un jour, un renard rencontre une cigogne dans les bois.

Aussitôt, le renard invite à déjeuner la cigogne.

Le matin suivant, dans la cuisine, il épluche .... des légumes pour faire un potage.

Ensuite, à table, l'animal rusé .... le potage ....

Mais, la .... invitée ne peut pas manger le potage dans une assiette.

Une autre fois, la cigogne invite .... le vilain renard à diner.

Puis, elle prépare .... un .... repas dans la cuisine.

Le jeudi soir, l'animal au museau pointu sent l'odeur .... de la viande. Le .... oiseau blanc pense alors .... que le renard sera déçu.

Après, à table, l'animal au long bec .... car le repas est ....

Mais, l'invité .... ne peut pas manger car le vase a un col trop étroit.

Le .... animal est puni. La cigogne est très ....

Séquence 8

Écrire les paroles prononcées par des personnages dans un récit CE1

> Il s'agit dans cette séquence d'apprendre à présenter et à rédiger des paroles prononcées par les personnages et à employer quelques verbes introducteurs de ces paroles : *dire, demander, répondre, murmurer, crier, hurler.*

Informations théoriques

L'auteur introduit du discours direct pour rendre son récit plus vivant. Le dialogue a des caractéristiques particulières que les élèves découvrent et utilisent : le rôle des deux points, du tiret, de l'alinéa, la manière dont les propositions incises désignent celui ou celle qui parle, les verbes introducteurs qui renseignent le lecteur sur la manière dont parle la personne et les raisons de sa prise de parole.

Supports pour l'écriture

- Des textes extraits de contes traditionnels.
- Les fiches élèves 1 à 4.

Connaissances et compétences associées

- Commencer à mettre en œuvre une démarche de production écrite : rechercher des idées, écrire, réviser.
- Connaitre et utiliser les marques du dialogue.
- Élaborer une phrase.
- Comprendre le rôle des verbes introductifs de dialogue.
- Réviser et améliorer l'écrit produit.

SÉANCE 1 > Repérer la présentation des paroles prononcées par les personnages dans un récit

- Projeter ou afficher le texte suivant extrait de ***Hansel et Gretel*** des frères Grimm (Lea.fr).

  Avant de lire, rappeler l'histoire d'Hansel et Gretel pour situer l'extrait qui va être lu :
  Hansel et Gretel sont les deux enfants d'un pauvre bucheron. Un soir, Hansel entend que son père, poussé par son épouse, va les abandonner lui et sa sœur dans la forêt. Le lendemain, Hansel remplit sa poche de petits cailloux et quand il se retrouve seul dans la forêt avec Gretel, il peut facilement retourner à la maison à l'aide des cailloux semés le long du chemin. Mais un autre jour, les deux enfants abandonnés dans la forêt ne retrouvent pas leur chemin, car les miettes de pain jetées derrière eux ont été mangées par les oiseaux. Ils errent dans la forêt plusieurs jours, et ils ont très faim.

> Les deux enfants arrivent près d'une maison. Le toit est recouvert de gâteaux, les vitres sont en sucre et les murs en pain d'épices. Hansel et Gretel sont stupéfaits.
> — Quel bon repas nous allons faire ! disent-ils en courant vers la maison.

- Faire lire le texte silencieusement par les élèves puis à voix haute et leur demander : *Où arrivent les enfants ? Pourquoi Hansel et Gretel sont-ils très étonnés ? Pourquoi courent-ils vers la maison ? Que disent-ils ?* Expliquer le mot *stupéfait* et décrire la maison.

  Observer la présentation du texte. Remarquer le retour à la ligne et le tiret, le mettre en couleur et faire expliciter son rôle : il annonce les paroles prononcées par les deux enfants. Surligner les paroles d'Hansel et Gretel.

  Faire relire par deux enfants jouant ainsi le rôle d'Hansel et Gretel. Souligner le mot qui permet de savoir que les enfants parlent : *disent*.
  Proposer la suite du texte :

> Hansel croque à belles dents un petit bout de toit et Gretel grignote une fenêtre en chocolat. C'est alors qu'ils entendent de l'intérieur de la maison une voix qui demande :
> — Qui donc grignote ma maison ?
> — C'est le vent, c'est le vent qui grignote votre maisonnette ! répondent les deux enfants.
> Et ils continuent leur repas.

- Faire lire le texte silencieusement par les élèves puis à voix haute et leur demander : *Que font les enfants ? Qui est cette voix qui parle de l'intérieur de la maison ?*

  Observer la présentation du texte : les retours à la ligne quand un personnage parle et entourer les tirets. Faire remarquer les deux points qui annoncent les paroles de la sorcière, les entourer. Remarquer le point d'interrogation et demander à un élève de lire les paroles prononcées par la sorcière avec l'intonation qui convient. Faire expliciter que l'on sait que la sorcière pose une question parce qu'il y a un point d'interrogation mais également parce qu'il y a le verbe *demander*. Le souligner. Procéder de la même façon pour la réponse des enfants, souligner le verbe *répondre*. Surligner de couleurs différentes les paroles de la sorcière et celles d'Hansel et Gretel.

  Relire le texte complet à quatre voix : le narrateur, la sorcière, Hansel et Gretel.

  Constituer une affiche avec les verbes introducteurs de paroles : *dire – demander – répondre*. Compléter cette affiche avec les verbes rencontrés dans les textes lus en littérature.

- Donner aux élèves la **fiche élève 1**. Pour l'**activité 1**, indiquer aux élèves qu'il s'agit d'un extrait du conte ***Le Petit Chaperon rouge*** d'après Charles Perrault. Demander aux élèves de lire d'abord le texte silencieusement puis le faire lire à voix haute. Réaliser la première consigne, passer dans les rangs pour vérifier le travail de chacun. Faire de même pour la deuxième consigne.
  Après l'activité, faire relire le texte à deux voix : le narrateur, la mère du petit chaperon rouge.
  Quand le texte de l'**activité 2** a été lu silencieusement, puis à voix haute, poser quelques questions pour s'assurer que tous les élèves l'ont compris : *Qui la fillette rencontre-t-elle ? Où ? Comment le loup est-il nommé ? Que propose le loup à la fillette ?* Réaliser l'activité, consigne par consigne. Faire vérifier par chaque élève qu'il a bien recopié les paroles du loup sans erreurs.
  Après l'activité, faire relire le texte à trois voix : le narrateur, le petit chaperon rouge et le loup.

SÉANCE 2 > Présenter des paroles prononcées par les personnages dans un récit

- Projeter ou afficher le texte suivant extrait du conte ***Les Trois Petits Cochons*** (Lea.fr).

  Avant de lire, en rappeler l'histoire pour situer l'extrait qui va être lu :
  Les trois petits cochons quittent le foyer familial pour vivre leur vie. Le premier petit cochon se construit une maison de paille. Le deuxième petit cochon se construit une maison en bois. Le troisième petit cochon se construit une maison en briques.

> Le loup frappe à la porte de la maison de paille.
> Petit cochon, gentil petit cochon, je peux entrer ?
> Non, non, par la barbiche de mon petit menton, tu n'entreras pas !
> Eh bien, je soufflerai, et je gronderai, et ta maison s'envolera ! crie le loup.

Faire lire le texte silencieusement par les élèves puis à voix haute. Remarquer qu'il est difficile de distinguer le dialogue entre les personnages et le récit, car il n'y a pas les tirets qui annoncent les paroles prononcées. Les ajouter. Surligner de couleurs différentes les paroles du cochon et celles du loup.

Lire le texte à trois voix : le narrateur, le loup, le cochon.

Relever le verbe qui indique comment le loup prononce les paroles à la fin du texte : *crier*. Expliquer que le loup crie car il est en colère. L'ajouter sur l'affiche consacrée aux verbes introducteurs de paroles.
Ajouter au texte les verbes qui indiquent que le loup pose une question et que le petit cochon lui répond.
On obtient le texte suivant :

> Le loup frappe à la porte de la maison de paille. Il demande :
> — Petit cochon, gentil petit cochon, je peux entrer ?
> — Non, non, par la barbiche de mon petit menton, tu n'entreras pas ! répond le petit cochon.
> — Eh bien, je soufflerai, et je gronderai, et ta maison s'envolera ! crie le loup.
>
> Et il souffle, et il gronde, et la maison de paille s'envole.

- Donner aux élèves la **fiche élève 2**. Pour l'**activité 1**, indiquer aux élèves qu'il s'agit de la suite du conte ***Les Trois Petits Cochons***. Les élèves lisent le texte silencieusement puis à voix haute. Réaliser la consigne, passer dans les rangs pour vérifier le travail de chacun. Si besoin, faire surligner de couleurs différentes les paroles des deux cochons et du loup. Après l'activité, faire relire le texte à trois voix : le narrateur, les deux petits cochons et le loup. Procéder de la même façon pour l'**activité 2**. Ajouter le verbe *hurler* qui indique que le loup est de plus en plus en colère sur l'affiche des verbes introduisant des paroles.

SÉANCE 3 > Compléter des paroles prononcées par les personnages dans un récit

- Projeter ou reproduire le texte suivant extrait du conte ***La chèvre et les sept chevreaux*** d'après les frères Grimm (Lea.fr).

> Un matin, la chèvre veut aller chercher de la nourriture pour elle et ses petits dans la prairie. Elle appelle ses sept chevreaux et leur dit :
>
> — Mes petits cabris, je dois aller dans la prairie. Faites attention au loup. N'ouvrez la porte à personne. S'il entre dans la maison, il vous mangera ! Ce coquin sait se déguiser et jouer la comédie. Mais vous le reconnaitrez facilement : il a une voix rauque et des pattes noires.
>
> — Tu peux partir tranquille, nous ferons attention, disent les chevreaux.

Faire lire le texte silencieusement par les élèves puis à voix haute, et demander : *Pourquoi la chèvre doit-elle partir ? Comment nomme-t-elle ses chevreaux ?* Retrouver les paroles prononcées : surligner de couleurs différentes les paroles de la chèvre et celle des chevreaux. Lire le texte à plusieurs voix : le narrateur, la chèvre et les sept chevreaux. Faire indiquer comment les paroles sont présentées : deux points, retour à la ligne, tirets, verbe *dire*.

- Donner aux élèves la **fiche élève 3**. L'**activité 1** permet de revoir la présentation des paroles prononcées. La réaliser consigne par consigne. Relever la manière dont le loup nomme les chevreaux.

Lire le texte de l'**activité 2** et retrouver les paroles prononcées. Remarquer le verbe qui indique que le loup parle doucement : *murmurer*. L'inscrire sur l'affiche des verbes introduisant des paroles. Relever comment le loup nomme les chevreaux. Avant d'écrire la réponse des chevreaux, faire formuler les phrases oralement et les faire écrire une à une. Indiquer aux élèves qu'ils peuvent se référer au texte précédent pour savoir comment écrire certains mots. Écrire au tableau les autres mots dont les élèves pourraient avoir besoin. Rappeler la régularité de la terminaison des verbes avec *nous*. Accompagner chacun dans la révision des phrases écrites. Puis lire le texte complété à plusieurs voix : le narrateur, le loup et les sept chevreaux.

Lire le texte de l'**activité 3**, constater qu'il n'est pas complet. Demander aux élèves ce qui manque : le verbe qui annonce les paroles du loup (rappeler qu'il doit parler doucement), les deux points, les paroles du loup, des chevreaux. Rappeler la manière dont les chevreaux ont été nommés dans les textes : *mes petits cabris, mes biquets, mes chers petits*.

Avant de compléter le texte, faire formuler les phrases oralement. Indiquer aux élèves qu'ils peuvent se référer au texte précédent pour savoir comment écrire certains mots. Écrire au tableau les autres mots dont les élèves pourraient avoir besoin. Regrouper les élèves qui ne pourraient pas écrire les phrases en autonomie et les écrire sous la dictée des élèves.

Accompagner chacun dans la révision des phrases écrites. Puis lire le texte complété à plusieurs voix : le narrateur, le loup et les sept chevreaux.

SÉANCES 4 et 5 > Écrire des paroles prononcées par les personnages dans un récit

- Projeter ou afficher le texte suivant (Lea.fr).

Zoé a un chat, un gros chat roux.
Le chat roux de Zoé fait toujours des bêtises.
Un matin, Zoé dit à son gros chat roux :
— Je vais à la piscine, reste au soleil dans le jardin, ne fais pas de bêtises.
— Je serai sage, murmure le chat en ronronnant.
Et il s'allonge au soleil dans le jardin. Zoé ferme la porte de la maison et va à la piscine.
Quand elle rentre de la piscine, le chat est toujours au soleil dans le jardin.
Elle va dans le salon et elle demande :
— Qui a cassé le vase ?
— Ce n'est pas moi, répond le chat. J'étais au soleil dans le jardin.

Faire lire le texte silencieusement par les élèves puis à voix haute, et demander : *Où va Zoé ? Où va le chat pendant ce temps ? Que voit Zoé dans le salon quand elle rentre ?* Retrouver les paroles prononcées : surligner de couleurs différentes les paroles de Zoé et celles du chat. Lire le texte à plusieurs voix : le narrateur, Zoé et le chat. Faire indiquer comment les paroles sont présentées : deux points, retour à la ligne, tirets, verbes *dire – murmurer – demander – répondre*.

- Donner aux élèves la **fiche élève 4**. Lire le texte de l'**activité 1** et constater qu'il manque les paroles du chat. Avant de compléter le texte, faire formuler les phrases oralement. Indiquer aux élèves qu'ils peuvent se référer au texte précédent pour savoir comment écrire certains mots. Écrire au tableau les autres mots dont les élèves pourraient avoir besoin. Regrouper les élèves qui ne pourraient pas écrire les phrases en autonomie et les écrire sous la dictée des élèves. Accompagner chacun dans la révision des phrases écrites. Puis lire le texte complété à plusieurs voix : le narrateur, Zoé et le chat.
Procéder de la même façon pour l'**activité 2** et l'**activité 3** dont le texte raconte la fin de l'histoire.

Fiche élève 1

NOM : ....

Prénom : ....

1. Lis le texte.

Un jour la mère du petit chaperon rouge ayant cuit et fait des galettes, lui dit :
— Va voir comme se porte ta mère-grand, car on m'a dit qu'elle était malade, porte-lui une galette et ce petit pot de beurre.

a. Entoure le tiret qui annonce les paroles de la mère du petit chaperon rouge.
b. Souligne le verbe qui indique qu'elle prononce des paroles.

2. Lis le texte.

Le petit chaperon rouge part aussitôt pour aller chez sa mère-grand, qui demeure dans un autre village. En passant dans un bois, elle rencontre Compère le loup et elle lui dit :
— Je vais voir ma mère-grand, et lui porter une galette avec un petit pot de beurre que ma mère lui envoie.
— Demeure-t-elle bien loin ? demande le loup.
— Oh ! oui, répond le petit chaperon rouge, c'est après le moulin que vous voyez tout là-bas, là-bas, à la première maison du village.

....

....

....

....

a. Entoure les deux points qui séparent ce que raconte le narrateur et les paroles du petit chaperon rouge.

b. Entoure les tirets qui annoncent les paroles prononcées par le petit chaperon rouge et le loup.

c. Surligne de couleurs différentes les paroles du loup et celles du petit chaperon rouge.

d. Souligne les verbes qui indiquent que les personnages parlent.

e. Ajoute au texte ce que dit le loup après la réponse du petit chaperon rouge. N'oublie pas le tiret et recopie bien la ponctuation.

Eh bien, dit le loup, je veux aller la voir aussi. J'y vais par ce chemin ici, et toi par ce chemin-là, et nous verrons qui y sera le premier.

Vérifie que tu as mis le tiret, que tu as bien recopié la ponctuation et que tu n'as pas fait d'erreurs en recopiant les mots.

NOM : ....

Prénom : ....

Fiche élève 2

1. Lis le texte.

Alors le petit cochon prend ses jambes à son cou, et va se réfugier dans la maison de bois. La porte est à peine refermée que le loup frappe. Petits cochons, gentils petits cochons, je peux entrer ? Non, non, par la barbiche de nos petits mentons, tu n'entreras pas ! Eh bien, je soufflerai, et je gronderai, et votre maison s'écroulera !
Et il souffle, et il gronde, et la maison de bois s'écroule.

Recopie les paroles prononcées par le loup et les deux petits cochons en les présentant comme il convient.

Alors le petit cochon prend ses jambes à son cou, et va se réfugier dans la maison de bois. La porte est à peine refermée que le loup frappe.

....

....

....

Et il souffle, et il gronde, et la maison de bois s'écroule.

Vérifie que tu as mis les tirets.

2. Lis le texte. Recopie à leur place les groupes de mots suivants.

Il demande *répondent les trois cochonnets* *hurle le loup*

Les deux petits cochons prennent leurs jambes à leur cou, et ils filent jusqu'à la maison en brique. De nouveau, le loup arrive. ....

— Petits cochonnets, petits cochonnets, laissez-moi entrer.

Non, non, par la barbiche de nos petits mentons, tu n'entreras pas ! ....

....

— Eh bien, je soufflerai, et je gronderai, et votre maison s'effondrera ! ....

....

Alors il souffle, et il souffle, et il souffle, et souffle encore, et il gronde, et gronde encore, mais la maison en brique ne bouge pas.

Vérifie que tu as mis les deux points, les points et les groupes de mots à la bonne place.

Fiche élève 3

NOM : ....
Prénom : ....

1. Lis le texte.

Peu de temps après, quelqu'un frappe à la porte et crie :
— Ouvrez la porte, mes biquets, je suis votre maman, et je vous rapporte à tous quelque chose.
Mais les chevreaux reconnaissent le loup à sa grosse voix rauque.
Ils crient :
— Nous ne t'ouvrirons pas. Tu n'es pas notre maman ! Notre maman a une voix douce et agréable et ta voix est rauque. Tu es le loup !

a. Entoure les deux points avant les paroles prononcées.
b. Entoure les tirets qui annoncent les paroles prononcées.
c. Surligne de couleurs différentes les paroles du loup et celles des chevreaux.
d. Souligne les verbes qui indiquent que les personnages parlent.

2. Lis le texte. Puis complète-le.

Aussitôt le loup part acheter un gros morceau de craie pour adoucir sa voix. Il avale la craie et sa voix devient plus douce. Puis il revient, frappe à la porte et murmure :
— Ouvrez la porte, mes chers petits, je suis votre maman, et je vous rapporte à tous quelque chose.
— Peux-tu nous montrer une patte ? demandent les chevreaux.
Le loup montre une patte toute noire à la fenêtre. Alors les petits chevreaux disent :

....

....

Vérifie que tu as mis le tiret et les points à la fin de chaque phrase.

3. Complète le texte.

Alors le loup court chez le meunier et lui dit :
— Saupoudre-moi la patte de farine blanche.
Le loup retourne pour la troisième fois à la porte de la maison.

Il frappe et ....

....

....

.... demandent les chevreaux.

Le loup pose sa patte blanche contre la fenêtre. Alors les chevreaux disent :

....

Vérifie que tu as mis les deux points, les tirets et les points à la fin de chaque phrase.

NOM : ....

Prénom : ....

Fiche élève 4

1. Lis le texte et complète-le.

Un après-midi, Zoé dit à son gros chat roux :
— Je vais prendre le thé avec une amie, reste sur le mur du jardin, ne fais pas de bêtises.

....

....

Et il s'installe sur le mur du jardin et regarde dans la rue. Zoé ferme la porte de la maison et va chez son amie.
Quand elle rentre à la maison, le chat est toujours sur le mur du jardin.
Elle va dans la chambre et elle demande :
— Qui a fait tomber les livres de l'étagère ?

....

....

Vérifie que tu as mis les tirets et les points à la fin de chaque phrase.

2. Lis le texte et complète-le.

Un soir, Zoé ....

....

....

Et il s'installe au pied de l'arbre. Zoé ferme la porte de la maison et va au cinéma.
Quand elle rentre à la maison, le chat est toujours au pied de l'arbre.
Elle va dans la cuisine et elle demande :

....

....

Vérifie que tu as mis les deux points, les tirets, les verbes qui indiquent que les personnages parlent et les points à la fin de chaque phrase.

3. Complète le texte.

Un jour, Zoé ....

....

Et il se couche sur la table de jardin. Zoé ferme la porte de la maison. Mais elle ne va pas au marché, elle se cache pour voir ce que fait son chat. Elle le voit grimper dans l'arbre et sauter dans la maison par la fenêtre de la salle de bain qui est restée ouverte. Le chat va dans la salle à manger et s'approche de la cage des oiseaux.
Alors, Zoé crie :

....

....

Le chat, surpris, ...

....

Le gros chat roux se frotte contre les jambes de Zoé pour se faire pardonner et sort tout doucement de la maison.

Vérifie que tu as mis les deux points, les tirets, les verbes qui indiquent que les personnages parlent et les points à la fin de chaque phrase.

Séquence 9

Enrichir des groupes nominaux pour écrire un portrait

CE2

> Il s'agit dans cette séquence d'apprendre à donner des détails pour décrire une personne, un personnage en enrichissant des groupes nominaux.

Informations théoriques

La description donne à voir une personne ou un personnage avec plus ou moins de détails. Dans un portrait, on distingue le portrait physique, le portrait moral et le portrait en action. On s'attachera essentiellement à la description physique et à la présentation d'un trait de caractère.
Dans le portrait, un vocabulaire riche et précis est utilisé pour bien caractériser la personne ou le personnage, plusieurs expansions du nom sont employées. On se limitera ici à l'emploi de l'adjectif qualificatif et du complément du nom.

Supports pour l'écriture

- ***Les époux Arnolfini***, tableau de Jan Van Eyck réalisé en 1434 et conservé à la Nationale Gallery de Londres.
- Le dessin d'une sorcière et un texte la décrivant.
- Les fiches élèves 1 à 3.

Connaissances et compétences associées

- Commencer à mettre en œuvre une démarche de production écrite : rechercher des idées, écrire, réviser.
- Approcher la structure du portrait.
- Élaborer une phrase et en enrichir les groupes nominaux.
- Réviser et améliorer l'écrit produit.

SÉANCES 1 et 2 > Découvrir les caractéristiques du portrait

- Projeter le tableau représentant les époux Arnolfini, indiquer l'auteur et le lieu de conservation (Lea.fr). Décrire la chambre et les personnages. Faire remarquer la richesse des vêtements et indiquer qu'il s'agit de riches bourgeois. Projeter le texte à côté du tableau. Le lire ou le faire lire.
Remarquer le premier paragraphe qui présente les deux époux et le deuxième paragraphe qui brosse le portrait de l'homme dans son aspect physique. Le troisième paragraphe donne une information sur son caractère.

Les époux Arnolfini

Les deux époux sont debout dans une chambre, ils se tiennent par la main.
L'homme est vêtu d'un somptueux manteau de fourrure marron. Il porte des petites bottes en toile fine. Il est coiffé d'un chapeau. Il a un visage allongé.
Il a un air sérieux.

- Surligner les éléments d'habillement : *un somptueux manteau de fourrure marron – des petites bottes en toile fine – un chapeau*. Expliquer que les bottes sont fines et que pour aller dehors, les hommes mettent des patins de bois (ils sont par terre à droite de l'homme).
- Donner aux élèves la **fiche élève 1**. Chercher le mot *somptueux* dans le dictionnaire, en lire la définition et réaliser l'**activité 1**.
- Faire trouver quels détails on pourrait ajouter pour décrire le chapeau. Réaliser l'**activité 2**. Faire vérifier par les élèves qu'ils ont bien mis la majuscule et le point pour chaque phrase.
- Observer la femme et décrire son aspect physique, nommer les éléments vestimentaires qu'elle porte : *une robe un manteau – un voile* ; écrire les groupes nominaux au tableau puis les enrichir, par exemple : *une longue robe bleue avec des poignets dorés – un grand manteau vert bordé de fourrure blanche avec une traine – des cheveux châtains – un voile blanc brodé*. Poser la question suivante. *Que porte-t-elle autour du cou ?*
Faire rechercher comment on pourrait caractériser ce qui se dégage du visage de cette femme : un air doux, timide… Puis réaliser l'**activité 3** de la **fiche élève 1**.
Faire vérifier par chacun que les groupes nominaux ont été recopiés sans erreurs. Puis relire le texte dans son intégralité : portrait de l'homme, portrait de la femme.
- Garder les groupes de mots utiles pour un portrait sur une affiche.

SÉANCES 2 et 3 > Découvrir les caractéristiques du portrait

- Projeter l'image représentant la sorcière (Lea.fr). La décrire. Projeter le texte à côté de l'image. Le lire ou le faire lire. Remarquer le premier paragraphe qui présente la sorcière, le deuxième paragraphe qui en dresse le portrait physique, le troisième qui indique un trait de caractère et le quatrième qui la montre en action.

Damila la sorcière

Damila, la sorcière est vraiment très laide.
Ses cheveux sont raides. Elle a des yeux perçants et un très gros nez avec une verrue. Elle a des oreilles décollées très grandes. Ses sourcils sont épais. Elle est vêtue d'un manteau. Sous son manteau, elle porte toujours une robe en lambeaux. Elle est coiffée d'un chapeau. Elle est maigre comme un squelette.
Elle a toujours l'air en colère et elle est méchante.
Toutes les nuits, elle s'envole sur un vieux balai pour aller voir d'autres sorcières.

- Surligner les éléments d'habillement : *un manteau – une robe en lambeaux – un chapeau*. Faire indiquer à quoi est comparée la sorcière, pourquoi et quel mot introduit la comparaison.
- Donner aux élèves la **fiche élève 2**. Chercher les mots *laid, lambeau, méchante, colère* dans le dictionnaire, en lire les définitions et réaliser l'**activité 1**.
- Faire trouver quels détails on pourrait ajouter pour décrire les cheveux (gris), le chapeau (noir, pointu), le nez (crochu), les oreilles (décollées), le manteau (long, noir). Remplacer *très grandes, très gros* par des mots de même sens : *immense, énorme*. Réaliser l'**activité 2**.
- Faire remarquer les deux manières d'apporter des informations dans le portrait :
  – soit dans la phrase, on parle de la sorcière et on dit ce qu'elle a : *Elle a des yeux perçants.*
  – soit dans la phrase, on parle de l'élément physique et on le décrit : *Ses cheveux sont raides*.
  Réaliser l'**activité 3** pour mettre en évidence ces deux manières d'apporter l'information. Faire vérifier par les élèves qu'ils ont bien mis la majuscule et le point pour chaque phrase.
- Faire constater que *est vêtu* ou *porte* peuvent être employés l'un pour l'autre. Réaliser l'**activité 4**. Indiquer que l'on pourrait également remplacer *est coiffée* par *porte*.
- Garder, sur une affiche, les mots et groupes de mots utiles pour un portrait.

SÉANCE 4 > Activité décrochée de vocabulaire

- Réaliser une séquence de vocabulaire sur les comparaisons.
  Lire les comparaisons suivantes et les faire expliciter (par exemple : *le pinson est un oiseau qui chante tout le temps, la pie est un oiseau très bruyant*).

  gai comme un pinson
  bavard comme une pie
  rouge comme une tomate

haut comme trois pommes
malin comme un singe
blond comme les blés

- Faire compléter les comparaisons à l'aide des mots proposés.
  une feuille – la neige – l'éclair – un agneau – un fil – une plume

  blanc comme ....
  rapide comme ....
  trembler comme ....
  léger comme ....
  mince comme ....
  doux comme ....

  Faire expliciter chaque comparaison.

SÉANCE 5 > Écrire le portrait d'une sorcière

- Projeter l'image représentant la sorcière (Lea.fr). La décrire.
  Constater qu'elle ne ressemble pas à la sorcière décrite dans la séquence précédente, que c'est même tout son contraire.

- Constituer des groupes de deux élèves et donner à chacun un mot à chercher dans le dictionnaire afin d'en trouver son contraire ou ses contraires : *laide – raide – gros – épais – méchante – vieux*. Lors de la mise en commun, retenir les mots qui pourraient être utilisés pour faire le portrait de la sorcière.
  Puis réaliser l'**activité 1** de la **fiche élève 3**.
- Rechercher collectivement les mots dont les élèves vont avoir besoin pour écrire le portrait de la sorcière en répondant aux questions suivantes : *De quelle couleur est la robe de la sorcière ? Comment est son chapeau ? Comment sont ses yeux ? De quelle couleur sont ses cheveux ? A-t-elle l'air triste ou l'air gai ? Comment le sait-on ?*
  Écrire les mots utiles au portrait sur l'affiche commencée en séance 1.
  Rappeler les quatre parties du portrait : présentation, aspect physique, un trait de caractère, une action.
  Rappeler également les deux manières d'apporter des informations.
  Rechercher dans les comparaisons, celle qui pourrait être utilisée dans le portrait de la sorcière, par exemple : *gaie comme un pinson*. Trouver un nom à la sorcière et réaliser l'**activité 2** de la **fiche élève 3**.
- Aider les élèves à réviser leur texte au niveau de la syntaxe des phrases, de la présence des majuscules et des points. Écrire au tableau le texte d'un des élèves qu'il faudrait modifier pour assurer la cohérence de la description. Collectivement, opérer ces modifications et l'enrichir.

Fiche élève 1

NOM : ....

Prénom : ....

Les époux Arnolfini

Les deux époux sont debout dans une chambre, ils se tiennent par la main.
L'homme est vêtu d'un somptueux manteau de fourrure marron. Il porte des petites bottes en toile fine. Il est coiffé d'un chapeau. Il a un visage allongé.
Il a un air sérieux.

1. a. Écris les mots qui ont le même sens que *somptueux* :

....

b. Recopie la deuxième phrase du texte en remplaçant le mot *somptueux* par un mot de même sens.

....

....

2. Récris la quatrième phrase en apportant des précisions sur le chapeau.

....

3. Complète le portrait de la femme.

La femme est vêtue .... et ....

Autour du cou, elle porte .... Elle a ....

Elle est coiffée ....

Elle a un air .... et ....

NOM : ....

Prénom : ....

Fiche élève 2

Damila la sorcière

Damila, la sorcière est vraiment très laide.
Ses cheveux sont raides. Elle a des yeux perçants et un très gros nez avec une verrue. Elle a des oreilles décollées très grandes. Ses sourcils sont épais. Elle est vêtue d'un manteau. Sous son manteau, elle porte toujours une robe en lambeaux. Elle est coiffée d'un chapeau. Elle est maigre comme un squelette.
Elle a toujours l'air en colère et elle est méchante.Toutes les nuits, elle s'envole sur un vieux balai pour aller voir d'autres sorcières.

1. Écris les mots qui ont le même sens que :

laid : ....

en lambeaux : ....

en colère : en ....

méchante : ....

2. Complète le portrait de la sorcière en ajoutant des précisions choisies parmi celles-ci :
gris – affreuse – noir – pointu – crochu – décollées – immenses – long – noir – furie – énorme – mauvaise – déchirée.

Damila, la sorcière est vraiment ....

Ses cheveux .... sont raides. Elle a des yeux perçants et un ....

nez avec une verrue. Elle a des oreilles décollées .... Ses sourcils sont épais.

Elle est vêtue d'un .... manteau .... Sous son manteau, elle

porte toujours une robe .... Elle est coiffée d'un chapeau ...., ...

Elle a toujours l'air en .... et elle est ....

Toutes les nuits, elle s'envole sur un vieux balai pour aller voir d'autres sorcières.

Fiche élève 2

NOM : ....

Prénom : ....

3. Recopie les phrases en apportant l'information d'une autre manière comme dans l'exemple :

Ses cheveux sont raides. Elle a les cheveux raides.

Elles a des yeux perçants. ....

Elle a des oreilles décollées très grandes. ....

Ses sourcils sont épais. ....

4. Complète chaque phrase avec le mot ou le groupe de mots en italique qui convient.

est vêtue – porte

La maitresse .... un pantalon noir.

La maitresse .... d'un pantalon noir.

est vêtu – porte

L'homme .... un short bleu et une chemise à carreaux.

L'homme .... d'un short bleu et une chemise à carreaux.

est coiffé – porte

Le garçon .... d'une casquette.

L'homme .... une casquette.

est coiffée – porte

La fillette .... d'un chapeau de soleil.

La fillette .... un chapeau de soleil.

NOM : ....
Prénom : ....

Fiche élève 3

1. Écris les mots qui sont les contraires de :

laid : ....

raide : ....

gros : ....

méchante : ....

épais : ....

vieux : ....

2. Écris le portrait de la sorcière en choisissant des mots parmi ceux trouvés dans l'activité 1 et ceux de l'affiche.

.... la sorcière ....

la sorcière est ....

Ses cheveux ....

....

....

....

....

....

....

....

Séquence 10

Écrire et relier les phrases d'un texte documentaire sur les animaux

CE2

> Il s'agit dans cette séquence de rédiger des phrases syntaxiquement correctes en utilisant un lexique précis, adapté à l'animal décrit, d'assurer la continuité des informations données en employant des substituts, d'organiser le texte en plaçant certaines informations en début de phrase.

Informations théoriques

Le texte documentaire sur un animal présente des informations sur l'espèce à laquelle l'animal appartient, ses caractéristiques physiques, son lieu de vie, son mode de déplacement, sa nourriture, sa reproduction...
Certaines de ces informations sont placées en début de phrase pour assurer la cohérence du texte. Le texte a un titre, il est organisé en paragraphes. Afin d'assurer la continuité des informations sur l'animal, celui-ci est repris par un pronom ou par un groupe nominal.

Supports pour l'écriture

- Des textes informatifs sur des animaux.
- Les fiches élèves 1 à 6.

Connaissances et compétences associées

- Commencer à mettre en œuvre une démarche de production écrite : rechercher des idées, écrire, réviser.
- Connaitre le rôle des substituts lexicaux ou pronominaux et savoir les employer à bon escient.
- Élaborer une phrase et l'enrichir.
- Réviser et améliorer l'écrit produit.

SÉANCE 1 > Découvrir les caractéristiques d'un texte documentaire sur un animal

- Projeter la fiche documentaire sur le renard (Lea.fr).

Le renard

Le renard est un mammifère de la famille des canidés. Cet animal à la fourrure rousse a une longue queue épaisse qui lui sert d'écharpe pour se protéger du froid. Il a un odorat très développé. Grâce à ses moustaches appelées vibrisses, il s'oriente sans mal dans les passages étroits et sombres.

Le renard vit dans les forêts, les champs et les prairies. Il s'abrite dans un terrier creusé au pied d'un arbre ou sur le flanc d'un talus.

Le renard quitte le terrier la nuit. Il est omnivore, et ce chasseur infatigable adapte sa nourriture en fonction de la saison et de son habitat.

Tous les ans, quatre ou cinq renardeaux naissent au printemps mais le plus souvent, seuls deux petits survivent. Deux semaines plus tard, ils sortent du terrier pour découvrir le monde. Les jeunes renards jouent et se battent pour apprendre à chasser.

- Lire ou faire lire le texte.
  Observer la photo du renard et y retrouver les caractères physiques décrits dans le texte. Remarquer l'emploi de termes précis et spécifiques : *mammifère – canidé – vibrisses*.
  Faire expliciter par les élèves les mots *odorat* (en le rapprochant d'odeur), *le flanc d'un talus* (grâce au contexte), *son habitat* (en le rapprochant d'habiter) et expliquer le mot *mammifère* (animal qui a des mamelles pour allaiter ses petits), *canidés* (animaux comme le chien, le renard, le loup qui ont des dents de devant tranchantes).
- Donner la **fiche élève 1** et réaliser l'**activité 1**. Faire remarquer que l'illustration apporte des informations supplémentaires : le renard a des oreilles pointues, un museau allongé, son pelage sur la gorge est blanc...
  Quand les numéros sont écrits, faire relire le texte, paragraphe par paragraphe.
  Réaliser l'**activité 2**. Faire vérifier par chacun que les phrases ont été recopiées sans erreurs, qu'elles commencent par une majuscule et se terminent par un point. Puis relire le texte dans son intégralité.

SÉANCE 2 > Activité décrochée de grammaire

- Réaliser une séquence de grammaire sur le groupe nominal pour identifier le déterminant, le nom principal et l'adjectif.
  Faire trouver le nom noyau du groupe nominal et le déterminant dans les groupes suivants :
  un renard roux – une longue queue épaisse – les passages étroits et sombres – les grandes forêts – les champs labourés – les prairies vertes – ce chasseur infatigable – les jeunes renards.
- Relire les groupes nominaux. Constater que la présence d'autres mots : les adjectifs, ils apportent des précisions sur le nom noyau du groupe nominal (taille, couleur...). Lister les adjectifs employés dans les groupes nominaux.
  Demander aux élèves d'ajouter un adjectif dans chaque groupe nominal : *l'animal, les oreilles, les yeux, les pattes*.
- Faire remarquer aux élèves que d'autres éléments grammaticaux que l'adjectif peuvent enrichir un groupe nominal :
  un renard roux – un renard de couleur rousse – un renard qui est roux.
  une longue queue – une queue de grande longueur – une queue qui est longue

  Ces éléments seront étudiés au cycle 3.

SÉANCE 3 > Nommer un animal en apportant des informations

- Redonner aux élèves la **fiche élève 1**. Faire relever les groupes nominaux désignant le renard et les renardeaux :
cet animal à la fourrure rousse – il – ce chasseur infatigable
les petits – les jeunes renards – ils
Constater que les groupes nominaux qui désignent le renard apportent des informations sur l'animal : la couleur de sa fourrure, c'est un animal qui peut chasser pendant longtemps... Faire expliciter le pluriel du pronom qui désigne les renardeaux.
Copier ces substituts sur une affiche.

- Donner la **fiche élève 2**. Lire les groupes nominaux puis les textes. Faire trouver le sens du verbe *subvenir*, grâce au contexte. Expliquer le vocabulaire spécifique employé dont les élèves ne connaissent pas le sens.
herbivore : *qui mange de l'herbe.*
un équidé : *un mammifère qui n'a qu'un seul doigt terminé par un sabot comme le cheval, le zèbre ou l'âne.*
pachyderme : *gros mammifère à peau épaisse comme l'éléphant.*
prédateur : *animal qui chasse d'autres animaux pour se nourrir.*
forêt tropicale : *forêt près des tropiques, où il y a beaucoup de plantes.*
Réaliser l'**activité 1**.

  Avant de réaliser l'**activité 2**, demander aux élèves ce qu'ils savent du hamster, de la sauterelle, du sanglier et du rouge-gorge. Écrire les précisions données par les élèves au tableau, éventuellement en donner d'autres : la sauterelle est un insecte, le hamster et le sanglier sont des mammifères, le hamster est un rongeur, le rouge-gorge est un oiseau avec une gorge orangée etc. Formuler oralement les groupes nominaux avant de les écrire. Après l'activité, relire à voix haute tous les textes ainsi complétés.

  Relever tous les groupes nominaux utilisés dans la séquence pour désigner les animaux et les écrire sur l'affiche commencée en séquence 1.

SÉANCE 4 > Placer des informations sur les animaux au début des phrases

- Redonner aux élèves la **fiche élève 1** et relire le texte documentaire sur le renard.
Puis écrire au tableau les phrases suivantes :
Grâce à ses moustaches appelées vibrisses, il s'oriente sans mal dans les passages étroits et sombres.
À l'automne, son pelage devient plus épais et s'allonge.
Tous les ans, quatre ou cinq renardeaux naissent au printemps.
Deux semaines plus tard, ils sortent du terrier pour découvrir le monde.
À l'âge de six mois, ils quittent leurs parents car ils sont adultes.

  Dans chaque phrase, trouver de qui on parle et constater qu'une information sur l'animal ou les animaux est placée au début de la phrase. Remarquer la virgule après cette information. Faire indiquer quelle information est apportée : grâce à quoi le renard peut s'orienter facilement ; quand le pelage du renard devient épais ; quand les renardeaux naissent ; quand ils sortent du terrier ; quand ils quittent leurs parents.

- Donner la **fiche élève 3**. Lire les textes de l'**activité 1**. Faire trouver le sens du verbe *se propulser* grâce au contexte. Expliquer les mots dont les élèves ne connaissent pas le sens.
ruminant : *mammifère qui mâche l'herbe qui revient de l'estomac avant de l'avaler définitivement.*
les espèces : *catégories d'animaux qui se ressemblent et qui peuvent se reproduire entre eux.*
végétaux : *des plantes.*

  Réaliser l'**activité**. Dire les phrases oralement avant de les écrire. Faire vérifier par chacun que les phrases ont été recopiées sans erreurs, qu'elles commencent par une majuscule et se terminent par un point et qu'il y a une virgule après l'information placée au début de la phrase.

  Réaliser l'**activité 2**. Pour cela lire les textes puis lire chaque phrase à compléter et donner des indications sur les informations à apporter.
Pour le hamster : quand il ne faut pas le déranger (quand il dort).
Pour la sauterelle : grâce à quoi elle peut bondir très loin et très haut (de longues pattes arrière).

Pour le sanglier : quand il peut parcourir plusieurs kilomètres (pendant la nuit)
Pour le rouge-gorge : indiquer sa taille et son poids (14 cm, 16 à 22 grammes).

Faire vérifier par chacun que les phrases commencent par une majuscule et se terminent par un point, qu'il y a une virgule après le groupe de mots. Puis relire chaque texte à voix haute.

SÉANCE 5 > Enrichir des phrases en réunissant deux informations

- Écrire au tableau les phrases suivantes :
  Cet animal à la fourrure rousse a une longue queue épaisse. Elle lui sert d'écharpe pour se protéger du froid.

  Faire énoncer ce que l'on apprend sur l'animal à chaque phrase.
  Relire le texte documentaire sur le renard sur la **fiche élève 1** et constater que les deux phrases ont été reliées avec le mot *qui* pour n'en faire qu'une.
  Procéder de la même façon pour les phrases suivantes et mettre en évidence l'emploi des mots *mais, et, car.*
  Ce chasseur infatigable est omnivore. Il adapte sa nourriture en fonction de la saison et de son habitat.
  Tous les ans, quatre ou cinq renardeaux naissent au printemps. Le plus souvent, seuls deux petits survivent.
  À l'âge de six mois, ils quittent leurs parents car ils sont adultes.

- Donner la **fiche élève 4**. Lire les textes. Faire trouver le sens de *diurne, nuisibles* grâce au contexte. Réaliser les **activités 1**, **2**, **3** et **4**. Faire vérifier par chacun que les phrases ont été recopiées sans erreurs, qu'elles commencent par une majuscule et se terminent par un point.
  Avant de réaliser l'**activité 5**, donner des informations sur le sanglier.
  animal puissant – cuir épais et de gros poils raides – vit dans des sortes de petites mares – aime se rouler dans la boue – mange des glands, des champignons, des limaces, des grenouilles – creuse la terre pour trouver de la nourriture – 1 à 4 marcassins – peut en avoir douze.
  Chaque élève en choisit deux et les relie en formant une phrase. Passer parmi les élèves pour vérifier la cohérence de la phrase suivant les informations choisies. Faire vérifier par chacun que la phrase écrite commence par une majuscule et se termine par un point.

SÉANCES 6 et 7 > Écrire un texte documentaire sur la musaraigne

- Relire le texte documentaire sur le renard.

Le renard

Le renard est un mammifère de la famille des canidés. Cet animal à la fourrure rousse a une longue queue épaisse qui lui sert d'écharpe pour se protéger du froid. Il a un odorat très développé. Grâce à ses moustaches appelées vibrisses, il s'oriente sans mal dans les passages étroits et sombres. À l'automne, son pelage devient plus épais et s'allonge.

Le renard vit dans les forêts, les champs et les prairies. Il s'abrite dans un terrier creusé au pied d'un arbre ou sur le flanc d'un talus. Le renard peut partager son terrier avec un blaireau.

Le renard sort la nuit. Il peut parcourir plus de 10 km pour trouver de quoi se nourrir. Ce chasseur infatigable est omnivore, et il adapte sa nourriture en fonction de la saison et de son habitat.

Tous les ans, quatre ou cinq renardeaux naissent au printemps mais le plus souvent, seuls deux petits survivent. Deux semaines plus tard, ils sortent du terrier pour découvrir le monde. Les jeunes renards jouent et se battent pour apprendre à chasser. À l'âge de six mois, ils quittent leurs parents car ils sont adultes.

Souligner les verbes conjugués et faire constater qu'ils sont au présent.

- Rappeler les caractéristiques du texte documentaire :
  - un paragraphe sur l'aspect physique, un paragraphe sur l'habitat, un paragraphe sur l'alimentation, un paragraphe sur la reproduction ;
  - différentes manières de nommer l'animal (relire l'affiche sur laquelle les substituts ont été relevés) ;
  - des phrases avec des informations placées en début de phrases, des informations reliées par *et*, *mais*, *qui*, *car* dans une même phrase.
- Donner aux élèves la **fiche élève 5**. Réaliser l'**activité 1**.
  Lire les informations données dans l'**activité 2** pour parler de la musaraigne. Observer la photo. Écrire au tableau les groupes nominaux qui pourraient désigner la musaraigne. Laisser les élèves qui en sont capables écrire le texte en autonomie. Regrouper les autres et travailler avec eux en alternant dictée à l'adulte et écriture en autonomie d'une ou deux phrases après les avoir formulées oralement.
- Quand les textes sont rédigés, en choisir un qui ne correspond pas tout à fait aux caractéristiques du texte documentaire qui ont été dégagées, l'écrire au tableau et le modifier. Accompagner ensuite chaque élève dans sa relecture et la modification si nécessaire de son texte.

SÉANCES 8 et 9 > Écrire un texte documentaire sur la taupe

Procéder de la même façon que pour le texte sur la musaraigne avec la **fiche élève 6**.

NOM : ....

Prénom : ....

Fiche élève 1

Le renard

☐ Le renard est un mammifère de la famille des canidés. Cet animal à la fourrure rousse a une longue queue épaisse qui lui sert d'écharpe pour se protéger du froid. Il a un odorat très développé. Grâce à ses moustaches appelées vibrisses, il s'oriente sans mal dans les passages étroits et sombres.

....

....

☐ Le renard vit dans les forêts, les champs et les prairies. Il s'abrite dans un terrier creusé au pied d'un arbre ou sur le flanc d'un talus. ....

....

☐ Le renard sort la nuit. ....

....

....

Ce chasseur infatigable est omnivore, et il adapte sa nourriture en fonction de la saison et de son habitat.

☐ Tous les ans, quatre ou cinq renardeaux naissent au printemps mais le plus souvent, seuls deux petits survivent. Deux semaines plus tard, ils sortent du terrier pour découvrir le monde. Les jeunes renards jouent et se battent pour apprendre à chasser. ....

....

1. Écris un numéro (1, 2, 3, 4) devant chaque paragraphe.
Relie le numéro de chaque paragraphe à ce qu'il nous apprend sur le renard.

1 •	• l'habitat du renard
2 •	• l'aspect physique du renard
3 •	• la reproduction du renard
4 •	• la nourriture du renard

2. Recopie les phrases suivantes dans le paragraphe qui convient.

Il peut parcourir plus de 10 km pour trouver de quoi se nourrir.
À l'âge de six mois, ils quittent leurs parents car ils sont adultes.
Le renard peut partager son terrier avec un blaireau.
À l'automne, son pelage devient plus épais et s'allonge.

Fiche élève 2

NOM : ....

Prénom : ....

**1. Complète chaque phrase avec un des groupes nominaux proposés.
Observe les informations apportées sur chaque animal par ces groupes nominaux.**

cet herbivore de la famille des équidés – cet animal qui est le plus gros des singes – cet énorme pachyderme – ce petit mammifère sauvage – cet animal au long cou

L'**éléphant d'Afrique** a des oreilles très développées. ....
.... peut peser 5 à 7 tonnes.

La **girafe** vit dans la savane. ....
se nourrit de feuilles d'arbres.

Le **lièvre** est très proche du lapin. ....
possède des pattes postérieures très musclées qui lui permettent de se propulser avec des bonds très rapides.

Le **zèbre** est reconnaissable aux bandes noires et blanches de son pelage. ....
.... peut galoper plus longtemps que nombre de ses prédateurs.

Le **gorille** vit en groupes dans les forêts tropicales. ....
.... peut développer une force physique colossale.

**2. Trouve des groupes nominaux pour compléter les phrases ci-dessous.
Chaque groupe nominal doit apporter une ou plusieurs informations sur l'animal.**

Le **hamster** est un animal de compagnie. ....
.... dort le jour et s'active la nuit.

La **sauterelle** est présente presque partout dans le monde. ....
.... est omnivore.

Le **sanglier** est proche du porc. ....
.... est essentiellement nocturne.

Le **rouge-gorge** vit dans les bois et forêts. Mais l'hiver,..
.... vient près des maisons.

NOM : ....
Prénom : ....

Fiche élève 3

1. Récris chaque phrase contenant un groupe de mots souligné, en plaçant ce groupe en début de phrase. Pense à la majuscule et à la virgule après ce groupe de mots.

L'éléphant d'Afrique a des oreilles très développées. Cet énorme pachyderme peut peser 5 à 7 tonnes. Il lui faut 130 à 230 kg de végétaux <u>par jour</u> pour subvenir à ses besoins.

....

La girafe vit dans la savane. Elle a un pelage reconnaissable, avec des taches rousses sur fond blanc. Sa tête porte deux petites cornes couvertes de peau. Cet animal au long cou se nourrit de feuilles d'arbres. Elle mange <u>parfois</u>, des fleurs et des fruits. C'est un ruminant herbivore.

....

Le lièvre est très proche du lapin. Ce petit mammifère sauvage possède des pattes postérieures très musclées qui lui permettent de se propulser avec des bonds très rapides. Le lièvre peut être solitaire ou vivre en couple, <u>selon les espèces</u>.

....

Le zèbre est reconnaissable aux bandes noires et blanches de son pelage. Cet herbivore de la famille des équidés peut galoper plus longtemps que nombre de ses prédateurs. Il peut aussi mordre et d'un coup de sabot, briser la mâchoire d'une lionne, <u>pour se défendre</u>.

....

Le gorille vit en groupes dans les forêts tropicales. Cet animal qui est le plus gros des singes peut développer une force physique colossale. Le gorille est très actif, <u>le jour</u>.

....

2. Trouve un groupe de mots apportant une information sur l'animal, pour compléter chaque phrase soulignée. Puis récris la phrase en plaçant ce groupe en début de phrase.

Le hamster est un animal de compagnie. Ce petit rongeur dort le jour et s'active la nuit. <u>Il ne faut pas le déranger</u>.

....

La sauterelle est présente presque partout dans le monde. Cet insecte aux longues antennes est omnivore. <u>Elle peut bondir très loin et très haut</u>.

....

Le sanglier est proche du porc. Ce mammifère omnivore est essentiellement nocturne. <u>Il peut parcourir plusieurs dizaines de kilomètres</u>.

....

Le rouge-gorge vit dans les bois et forêts. Mais l'hiver, ce petit oiseau à la gorge orangée vient près des maisons. <u>Le rouge-gorge n'est pas plus grand qu'un moineau</u>.

....

Fiche élève 4

NOM : ....

Prénom : ....

1. Rédige une phrase réunissant les deux informations soulignées en utilisant « qui ».

La girafe vit dans la savane. Elle a un pelage reconnaissable, avec des taches rousses sur fond blanc. Sa tête porte deux petites cornes couvertes de peau. Elle a aussi une fine queue. Elle mesure de 70 à 100 cm.
Cet animal au long cou se nourrit de feuilles d'arbres. Parfois, elle peut manger des fleurs et des fruits. C'est un ruminant herbivore.

....

La sauterelle fait partie de la famille de la blatte et du criquet. Elle est présente presque partout dans le monde. Cet insecte aux longues antennes est omnivore. Grâce à ses longues pattes postérieures, elle peut bondir très loin et très haut.

....

....

2. Rédige une phrase réunissant les deux informations soulignées en utilisant « mais ».

Le lièvre est très proche du lapin. Il a des oreilles plus longues. Ce petit mammifère sauvage possède des pattes postérieures très musclées qui lui permettent de se propulser avec des bonds très rapides. Selon les espèces, le lièvre peut être solitaire ou vivre en couple.

....

Le gorille vit en groupes dans les forêts tropicales. Cet animal qui est le plus gros des singes peut développer une force physique colossale. Le jour, le gorille est très actif. Il passe la majeure partie de son temps au sol. Les plus jeunes s'aventurent dans les arbres, pour jouer ou dormir.

....

....

3. Rédige une phrase réunissant les deux informations soulignées en utilisant « car ».

Le hamster est un animal de compagnie. Ce petit rongeur dort le jour et s'active la nuit. Quand il dort, il ne faut pas le déranger. Il peut mordre.

....

Le rouge-gorge vit dans les bois et forêts. Mais l'hiver, ce petit oiseau à la gorge orangée vient près des maisons. Avec une taille de 14 cm et un poids de 16 à 22 grammes, le rouge-gorge n'est pas plus grand qu'un moineau. Le rouge-gorge est un ami précieux du jardinier. C'est un excellent prédateur des nuisibles du jardin.

....

....

NOM : ....

Prénom : ....

Fiche élève 4

4. Rédige une phrase réunissant les deux informations soulignées en utilisant « et ».

Le zèbre est reconnaissable aux bandes noires et blanches de son pelage. Cet herbivore de la famille des équidés peut galoper plus longtemps que nombre de ses prédateurs. Il possède une très bonne vue diurne, une ouïe excellente, un bon odorat. Il court très vite. Pour se défendre, il peut aussi mordre et d'un coup de sabot, briser la mâchoire d'une lionne.

....

....

L'éléphant d'Afrique a des oreilles très développées. Il possède des défenses plus grandes que celles de l'éléphant d'Asie. L'extrémité de sa trompe est pourvue de deux « doigts » au lieu d'un seul. Cet énorme pachyderme peut peser 5 à 7 tonnes. Par jour, il lui faut 130 à 230 kg de végétaux pour subvenir à ses besoins.

....

....

5. Recherche deux informations sur le sanglier et rédige une phrase en reliant ces informations avec « et », « qui », « car » ou « mais ».

Le sanglier est proche du porc. Ce mammifère omnivore est essentiellement nocturne. Dans une nuit, il peut parcourir plusieurs dizaines de kilomètres.

....

....

....

Fiche élève 5

NOM : ....

Prénom : ....

1. **Relève les verbes utilisés dans les textes sur la girafe, l'éléphant, le hamster, le gorille, la sauterelle, le sanglier, le lièvre, le zèbre, le rouge-gorge.**

....

....

Indique à quel temps, les verbes sont conjugués : ....

2. **Écris quatre paragraphes pour parler de la musaraigne en utilisant les informations ci-dessous et tout ce que tu as appris sur le texte documentaire. Conjugue les verbes.**

....

....

....

....

....

....

....

....

....

....

Vérifie que tu as bien quatre paragraphes, que les phrases commencent par une majuscule et se terminent par un point, que tu as nommé la musaraigne de manières différentes.

petit mammifère – corps fin – museau pointu et allongé – petits yeux – queue courte – moustaches appelées vibrisses pour fouiller le sol

nid avec des herbes sèches dans les racines des arbres, les buissons, les granges, les prairies, les marécages

pas un rongeur – insectivores – mange des insectes surtout – de petits animaux comme les escargots, les chenilles, les araignées et les vers de terre – dents bien aiguisées – briser facilement la carapace de ses proies

reproduction : quatre à cinq petits – plusieurs fois par an

NOM : ....

Prénom : ....

Fiche élève 6

Écris quatre paragraphes pour parler de la taupe en utilisant les informations ci-dessous et tout ce que tu as appris sur le texte documentaire.
Utilise les verbes relevés précédemment et les verbes *mesurer, peser creuser* au présent.

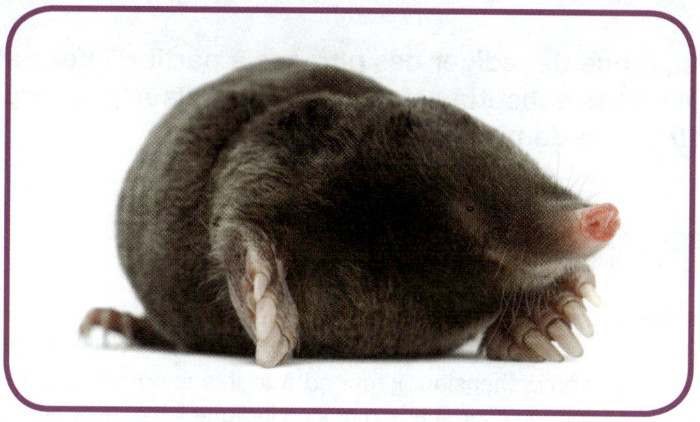

....

....

....

....

....

....

....

....

....

....

....

Vérifie que tu as bien quatre paragraphes, que les phrases commencent par une majuscule et se terminent par un point, que tu as nommé la taupe de manières différentes.

mammifère – une fourrure gris très foncé – des yeux minuscules – un museau pointu
entre 10 et 15 cm – entre 100 et 140 grammes
mauvaise vue mais bonne ouïe
pattes antérieures – des pelles
dans les jardins, les prés et les champs, des galeries dans la terre
vers de terre, limaces et insectes
tous les ans – cinq à six petits qu'elle allaite

Séquence 11

Écrire et relier les phrases d'un texte relatant un fait divers

CE2

> Il s'agit dans cette séquence de rédiger des phrases à partir d'informations données, de les amplifier, de les relier avec des substituts et des mots de liaison pour organiser un texte cohérent répondant à une structure donnée, celle du fait divers.

Informations théoriques

Le fait divers rapporte un fait réel. C'est le récit d'un événement anecdotique de la vie quotidienne souvent considéré comme peu important pour l'ensemble des lecteurs d'un journal, car il n'est ni politique, ni économique. Il comprend tous les éléments nécessaires à sa compréhension. Il répond à toutes les questions que l'on se pose sur ce qu'il relate (Qui ? Quoi ? Où ? Quand ? Pourquoi/Comment ?) et il en indique les conséquences.

Supports pour l'écriture

- Des faits divers.
- Le journal ***Le Petit Quotidien***.
- Les fiches élèves 1 à 4.

Connaissances et compétences associées

- Commencer à mettre en œuvre une démarche de production écrite : rechercher des idées, écrire, réviser.
- Connaitre la structure du fait divers.
- Connaitre le rôle des substituts lexicaux, des indicateurs de temps, de quelques mots de liaison et savoir les employer à bon escient.
- Élaborer une phrase et l'enrichir.
- Réviser et améliorer l'écrit produit.

SÉANCE 1 > Découvrir les caractéristiques d'un fait divers

- Projeter le fait divers suivant (Lea.fr). Lire ou faire lire le texte. Indiquer qu'il s'agit d'un événement qui a été relaté dans un journal, dans la rubrique des faits divers. Expliquer l'expression *éprise de liberté* : qui a envie d'être libre, de ne plus être enfermée dans un parc.

Une tortue géante échappée d'un zoo

Au mois d'aout dernier, une tortue géante s'est échappée d'un parc animalier au Japon. Cette femelle de 35 ans, éprise de liberté, était autorisée à se promener dans le parc, pendant les jours d'ouverture. Abuh a quitté le zoo en passant tout naturellement par une porte laissée ouverte. Les gardiens du parc l'ont recherchée durant deux semaines. La tortue qui mesure un mètre de long et pèse 55 kilos a été retrouvée saine et sauve, dans un massif non loin du parc. Tout le monde était content, car la tortue était très appréciée des visiteurs.

- Faire retrouver oralement :
  - quand et où s'est passé ce fait divers,
  - de quel animal il s'agissait,
  - ce qu'il s'est passé,
  - comment et pourquoi c'est arrivé,
  - ce qu'il en a résulté.
- Donner la **fiche élève 1**. Expliquer l'expression *saine et sauve* : vivante et en bonne santé.
  - Réaliser l'**activité 1** en autonomie. Mettre en commun les réponses. En conclure que le fait divers répond aux questions *Où ? Quand ? Qui ? Quoi ? Pourquoi/Comment ?* et en indique les conséquences. Constater que les réponses aux quatre premières questions sont dans la première phrase.
  - Réaliser l'**activité 2** pour mettre en évidence les conséquences de l'évasion de la tortue.
    Relever les mots donnant des indications de temps sur une affiche : *Au mois d'aout dernier – pendant les jours d'ouverture – durant deux semaines.*
  - Réaliser l'**activité 3**. Constater que les groupes de mots qui désignent la tortue apportent des renseignements sur elle : son nom, son sexe, sa taille, son poids... Les ajouter sur l'affiche des substituts si elle a été constituée lors des séquences sur le documentaire.
- Parallèlement à ce travail sur le fait divers, lire des articles du journal ***Le Petit Quotidien*** qui sont des faits divers pour lister les sujets qui y sont abordés.

SÉANCE 2 > Activité décrochée de grammaire

- Réaliser une séquence sur les formes verbales du passé composé.
- Lire les courts textes suivants et les transposer au passé composé à l'oral. Puis donner la **fiche élève 2**.
  Faire indiquer l'infinitif des verbes conjugués. Puis faire écrire collectivement les verbes et leur sujet au passé composé en raisonnant sur la graphie du verbe *avoir* et celle du participe passé. Remarquer que le participe passé des verbes en *–er* se termine par *é*. Garder sur une affiche le participe passé des autres verbes afin de les utiliser dans la production des faits divers.

Un Français invente une grille géante de mots croisés. Il passe plusieurs heures par nuit pour réaliser cette grille de deux mètres de côté.

Cette semaine, il fait très froid en Russie à cause d'un vent glacial. Des chutes de neige et des températures très basses touchent la Finlande. De nombreux habitants ne peuvent pas sortir de chez eux.

Des savants explorent une forêt sur une ile d'Indonésie. L'expédition a lieu en décembre. Ils trouvent de nombreuses espèces d'animaux et de plantes peu connues.

SÉANCES 3 et 4 > Rédiger des phrases pour répondre aux questions auxquelles le fait divers apporte des réponses

- Donner aux élèves la **fiche élève 3**.
  - Réaliser l'**activité 1**. Lire les informations données. Faire rédiger une phrase au passé composé pour répondre aux quatre premières questions. Rappeler la formation du passé composé et l'orthographe du participe passé des verbes qui vont être employés. Se reporter à l'affiche regroupant les participes passés. Demander aux élèves de formuler la phrase « dans leur tête » avant de l'écrire. Passer dans les rangs et aider les élèves qui ont des difficultés. Quand la phrase est écrite, en faire lire plusieurs (différentes). Constater que certains groupes de mots peuvent être placés à différents endroits de la phrase. Faire corriger celles qui sont incorrectes.
  - Réaliser l'**activité 2**. Constater qu'il y a trois informations. Faire écrire une phrase pour chaque information après l'avoir énoncée « dans sa tête ». Puis collectivement rechercher comment ne faire qu'une phrase avec ces trois informations. Il y a plusieurs possibilités, les faire formuler et les écrire au tableau :
    Comme il avait oublié ses clés, il a voulu rentrer chez lui par le balcon, car la fenêtre était ouverte.
    Il avait oublié ses clés, alors il a voulu rentrer chez lui par le balcon où la fenêtre était ouverte.
    Il avait oublié ses clés, donc il a voulu rentrer chez lui par le balcon, la fenêtre était ouverte.
    etc.
    Souligner les mots de liaison utilisés pour relier les informations. Chaque élève choisit sa phrase et l'écrit.
    Avant de faire écrire la réponse à la question « Comment ? » **(activité 3)** rechercher oralement comment nommer le garçon, se référer à son comportement irréfléchi, écrire les groupes de mots au tableau : le jeune homme, le jeune étourdi, le jeune inconscient... Faire écrire deux ou trois phrases après les avoir fait formuler oralement. Faire remarquer l'emploi de *et*, *qui* pour relier deux informations. Puis faire vérifier par chacun que toutes les informations sont données dans chaque phrase, que le jeune garçon a été nommé avec un des groupes de mots écrits au tableau, que les verbes au passé composé sont écrits sans erreurs, que les phrases ont une majuscule et un point.
  - Réaliser l'**activité 4** en procédant toujours de la même façon : réfléchir sur la manière de relier les informations, énoncer oralement les phrases possibles, les écrire, vérifier la production. Expliquer le mot *hématome* : un bleu.
- Pour réaliser l'**activité 5**, réfléchir oralement à la phrase de fin du texte : il pensera à emporter ses clés, il ne jouera plus les acrobates etc. Donner les terminaisons des verbes au futur si les élèves ne sont pas capables de les écrire.
- Relever les mots donnant des indications de temps et les écrire sur l'affiche commencée dans la séance 1.
- Écrire au tableau le texte d'un des élèves, l'enrichir en y ajoutant par exemple : *soudain – heureusement – très vite...* et trouver un titre. Compléter les affiches sur les indicateurs de temps et les mots de liaison.

SÉANCES 5 et 6 > Écrire un fait divers

- Faire rédiger un autre fait divers en laissant plus d'autonomie aux élèves dans la rédaction.
- Donner aux élèves la **fiche élève 4**. Lire la trame du fait divers. Expliquer le mot *sinueuse* : qui tourne, qui fait des courbes, des détours.
  - Réaliser les **activités 1**, **2** et **3**. Rechercher collectivement les verbes qui vont pouvoir être employés. Les écrire au tableau à l'infinitif. Après écriture, faire vérifier la ponctuation, la syntaxe et l'utilisation correcte des temps. Regrouper les élèves qui ne sont pas capables de travailler en autonomie pour les aider à rédiger les phrases en utilisant éventuellement la dictée à l'adulte.
  - Réaliser l'**activité 4**. Avec les phrases écrites, faire constituer par chacun un texte en ajoutant des substituts, des indicateurs de temps et des mots de liaison (*et – alors – etc.*). Rechercher des substituts possibles (*ils – les deux cyclistes – les malheureux – l'un – l'autre – etc.*).
- Écrire au tableau le texte d'un des élèves, l'enrichir et lui trouver un titre.

NOM : ....
Prénom : ....

Fiche élève 1

1. Relis le texte.

Une tortue géante échappée d'un zoo

Au mois d'aout dernier, une tortue géante s'est échappée d'un parc animalier au Japon.
Cette femelle de 35 ans, éprise de liberté, était autorisée à se promener dans le parc, pendant les jours d'ouverture. Abuh a quitté le zoo en passant tout naturellement par une porte laissée ouverte. Les gardiens du parc l'ont recherchée durant deux semaines. La tortue qui mesure un mètre de long et pèse 55 kilos a été retrouvée saine et sauve, dans un massif non loin du parc. Tout le monde était content, car la tortue était très appréciée des visiteurs.

2. Réponds aux questions :

Quand ? ....

Où ? ....

Qui ? ....

Quoi ? ....

Pourquoi et Comment ? ....

....

....

3. Recopie les mots ou groupes de mots qui désignent la tortue.

....

....

....

....

....

....

....

Fiche élève 2

NOM : ....
Prénom : ....

1. Indique l'infinitif de chaque verbe souligné.

Un Français <u>invente</u> (..................................) une grille géante de mots croisés.
Il <u>passe</u> (..................................) plusieurs heures par nuit.

Cette semaine, **il <u>fait</u>** (..................................) très froid en Russie à cause d'un vent glacial.
De fortes chutes de neige <u>touchent</u> (..................................) la Finlande.
De nombreux habitants <u>ne peuvent</u> (..................................) pas sortir de chez eux.

Des savants <u>explorent</u> (..................................) une forêt sur une ile d'Indonésie.
L'expédition <u>a</u> (..................................) lieu en décembre.
Ils <u>trouvent</u> (..................................) de nombreuses espèces d'animaux et de plantes peu connues.

2. Récris chaque groupe de mots en gras en mettant le verbe au passé composé.

Un Français <u>invente</u> une grille…

....

Il <u>passe</u> plusieurs heures…

....

Cette semaine, **il <u>fait</u>** très froid…

....

De fortes chutes de neige <u>touchent</u> la Finlande.

....

De nombreux habitants <u>ne peuvent</u> pas sortir…

....

Des savants <u>explorent</u> une forêt…

....

L'expédition <u>a</u> lieu en décembre.

....

Ils <u>trouvent</u> de nombreuses espèces d'animaux…

....

NOM : ....
Prénom : ....

Fiche élève 3

1. Écris une phrase qui présente le fait divers en répondant aux quatre questions suivantes.

Quand ? *il y a deux jours*
Qui ? *un garçon de 18 ans*
Où ? *banlieue Lyonnaise*
Quoi ? *chute du 2e étage d'un immeuble*

....

....

....

2. Rédige une phrase pour chaque information donnée pour répondre à la question « Pourquoi ? ».

Pourquoi ? 1) *oublier ses clés* 2) *vouloir rentrer chez lui par le balcon* 3) *fenêtre ouverte*

1)..

2)..

3)..

Écris une phrase rassemblant ces trois informations.

....

....

3. Rédige deux ou trois phrases pour répondre à la question « Comment ? ».

Comment ? *grimper le long du mur et perdre l'équilibre sur le bord du balcon – atterrir sur la pelouse – scène vue par un voisin – appel des secours*

....

....

....

4. Rédige deux ou trois phrases pour indiquer les conséquences.

Conséquences : *passer la nuit à l'hôpital – divers examens – seulement le poignet cassé et des hématomes – avoir de la chance – quitter l'hôpital – rentrer chez lui*

....

....

....

5. Écris une phrase au futur pour terminer le texte.

....

....

Fiche élève 4

NOM : ....
Prénom : ....

1. Écris une phrase qui présente le fait divers en répondant aux quatre questions suivantes.

Quand ? *hier, lors de la course autour de Ramonville*
Qui ? *deux coureurs cyclistes*
Où ? *sur une route sinueuse*
Quoi ? *chute dans un fossé*

....
....
....
....

2. Rédige une phrase pour répondre à la question suivante :

Pourquoi ? *vitesse – un virage raté*

....
....
....

3. Écris deux ou trois phrases pour présenter les conséquences.

Conséquences : *hôpital – fractures – hématomes – saison terminée*

....
....
....
....
....

4. Recopie les phrases que tu as écrites en ajoutant des mots de liaison et en nommant les cyclistes de manière différente afin de constituer un fait divers qui pourrait être écrit dans un journal.

....
....
....
....
....
....
....
....

Séquence 12

Rédiger des phrases et les organiser pour écrire un texte racontant une histoire CE2

> Il s'agit dans cette séquence d'apprendre à écrire un texte en respectant différentes étapes : à partir d'une structure et d'idées données, écrire des phrases puis les enchainer avec des substituts puis avec des indicateurs de temps et enfin enrichir le texte ainsi obtenu.

Informations théoriques

Les idées d'un texte sont organisées selon une structure qui lui est propre. Celle du récit est bien connue : situation initiale, évènement déclencheur, péripéties, situation finale. C'est ce que les élèves vont devoir dégager à partir de l'histoire racontée par la bande dessinée puis réutiliser pour mettre en mots le récit de l'histoire. Les phrases seront écrites au présent, des substituts assurant la reprise des personnages et des indicateurs de temps marquant la chronologie seront employés.

Supports pour l'écriture

- Une planche de ***Boule et Bill*** de Roba : *Sauvetage.*
- Les fiches élèves 1 à 5.

Connaissances et compétences associées

- Commencer à mettre en œuvre une démarche de production écrite : rechercher des idées, écrire, réviser.
- Connaître la structure du récit.
- Élaborer des phrases et les enchainer avec cohérence avec des substituts et des indicateurs de temps.
- Réviser et améliorer l'écrit produit.

SÉANCE 1 > Découvrir la structure du récit

- Projeter le texte suivant (Lea.fr).
  Observer les paragraphes. Demander quand se passe l'histoire, où et quels sont les personnages puis mettre en évidence que le premier paragraphe présente la situation initiale, le deuxième l'événement perturbateur suivi des péripéties qui en découlent, le troisième la situation finale.

Mauvaise journée pour Zouzou

En ce mercredi après-midi ensoleillé, Enzo est dans le jardin derrière la maison. Zouzou, son jeune chien, dort ou fait semblant de dormir à l'ombre du cerisier. De temps en temps, il regarde vers son maitre. Il aimerait bien jouer avec lui pour se dégourdir un peu les pattes. Mais le garçonnet est occupé, il jardine avec Maman.

Tout à coup, le chien qui avait ouvert un œil, aperçoit un chat blanc sur le muret du jardin. Celui-ci trottine tranquillement, la queue en l'air. Incroyable et impensable ! Le chien, furieux, se dresse d'un bond et aboie de toutes ses forces. L'imprudent ne parait pas décidé à partir. Alors Zouzou fonce vers l'intrus, et Enzo voit son chien passer devant lui comme un fou. Voyant le monstre arriver, le matou est terrifié et il comprend qu'il faut fuir. Il saute dans la rue et détale aussi vite qu'il peut. Zouzou, apercevant la porte du jardin ouverte, court derrière lui. Enzo rappelle Zouzou, mais celui-ci ne l'écoute pas, il poursuit son ennemi.

Vers dix-huit heures, Zouzou n'est toujours pas rentré. Enzo est inquiet. Quelques minutes plus tard, il voit revenir son chien, fatigué, les oreilles basses, la langue pendante. Le pauvre toutou se jette sur son bol rempli d'eau, le vide complètement puis file sur son coussin. Il n'a pas attrapé le chat, c'est certain. Voyant l'air malheureux de son chien, Enzo n'a pas le courage de le gronder.

- Donner aux élèves la **fiche élève 1**.
  - Réaliser l'**activité 1**. Faire énoncer une phrase résumant le premier paragraphe avec les informations nécessaires pour comprendre ensuite l'histoire : quand, où cela se passe, les deux personnages principaux et ce qu'ils font. Puis la faire écrire. Vérifier la présence de la majuscule et du point. Puis procéder de la même façon pour les autres parties du texte. Bien faire énoncer à l'oral ce qui est important dans chaque partie. Passer parmi les élèves pour les aider dans la rédaction et dans la vérification de ce qu'ils ont écrit.
  - Réaliser les **activités 2** et **3**. Constater l'emploi de pronoms et de groupes nominaux comme substituts et remarquer que les groupes nominaux renseignent sur l'aspect physique, l'attitude, le caractère du personnage ou les relations entre les personnages : *son jeune chien – le monstre – son ennemi – un petit chat blanc – l'imprudent – l'intrus...* Compléter les affiches regroupant les substituts et les indicateurs de temps si elles ont été constituées lors des séquences précédentes.

SÉANCES 2 et 3 > Rédiger des phrases pour raconter l'histoire de Boule et Bill

- Projeter la planche « Sauvetage » de ***Boule et Bill*** (Lea.fr). Demander aux élèves s'ils connaissent cette bande dessinée et faire énoncer ce qu'ils en connaissent.
- L'observer, faire constater qu'elle est composée de 4 bandes de deux ou quatre cases ou vignettes. La lire et faire raconter l'histoire. Poser les questions suivantes : *Quels sont les personnages ? Où est Bill ? Que fait-il ? Qu'entend-il soudain ? Que fait-il aussitôt ? Que voit-il en arrivant dans la cuisine ? De quoi a peur la mère de Boule ? Que fait Bill ? Où sont Boule et son père ? Pourquoi vont-ils dans la maison ? Que voient-ils en arrivant ?* Expliquer l'expression *qui glace le sang* : qui fait très peur.
  Revenir au titre et demander qui a été sauvé et par qui.

Sauvetage

36

- Donner aux élèves la **fiche élève 2** et réaliser l'**activité 1** puis l'**activité 2** pour retrouver la situation initiale (première vignette), l'évènement perturbateur (deuxième vignette), les péripéties (les cinq vignettes suivantes) et la situation finale (dernière bande).
- Avant de réaliser l'**activité 3**, en s'aidant des mots ou des lettres traduisant des bruits et des dessins, faire rechercher le lexique dont les élèves peuvent avoir besoin :
  Les verbes : *dormir – ronfler – sursauter – courir – foncer – poursuivre – pourchasser – renverser – sauter – grogner – travailler – couper – ramasser – entendre – poser – se précipiter – voir – découvrir – embrasser – caresser – promettre – récompenser – etc.*
  Les groupes nominaux : *un fauteuil – un cri horrible – la cuisine – une souris – la table – la corbeille de fruits – une marmite – la cafetière – le pot à eau – le buffet – des bruits anormaux – un désordre inimaginable – trois gros « susucres » – etc.*
  Écrire au tableau les mots trouvés qui ne sont pas dans les textes de la BD ou dans les questions. Indiquer aux élèves de bien lire les consignes.
  Accompagner les élèves dans la rédaction des phrases en passant parmi eux. Vérifier qu'ils utilisent bien les éléments donnés et que la syntaxe des phrases est correcte. Faire vérifier que chaque phrase commence par une majuscule et se termine par un point.

SÉANCE 4 > Organiser le texte avec des substituts

- Relire le texte de la fiche élève 1 et relire les réponses données dans l'activité 2 puis l'affiche avec les substituts. Rappeler le rôle des substituts : ils reprennent de manière différente les personnages.
- Donner aux élèves la **fiche élève 3** et réaliser l'**activité 1**. À la place de ce texte, il est possible de mettre un texte constitué à partir des phrases écrites par les élèves.
- Constater que l'on répète Bill, Maman, Boule et son père. Réaliser l'**activité 2** en autonomie. Accompagner les élèves dans la réalisation de l'activité en passant parmi eux. Faire vérifier la ponctuation.
- Lors de la mise en commun, lire les différents textes obtenus.

SÉANCE 5 > Organiser le texte avec des indicateurs de temps

- Relire le texte de la **fiche élève 1** et relire les mots ou groupe de mots soulignés dans l'**activité 3** et constater qu'ils sont en début de phrase. Relire également l'affiche avec les indicateurs de temps, rappeler leur rôle : ils indiquent l'ordre dans lequel les faits se passent.
- Donner aux élèves la **fiche élève 4** et lire le texte. À la place de ce texte, il est possible de mettre un texte constitué à partir des phrases écrites par les élèves.
  - Réaliser l'**activité 1** en autonomie. Lors de la mise en commun, échanger sur les erreurs qui ont pu être commises : *en entrant dans la cuisine* ne peut pas être placé au début de la troisième phrase car il y a déjà le mot *cuisine* dans la phrase précédente ; *alors* pourrait être mis au début de la deuxième phrase mais *aussitôt* ne pourrait pas être placé au début de la dernière phrase.
  - Réaliser l'**activité 2** pour mettre en évidence que l'on peut relier deux phrases pour n'en faire qu'une. Formuler les phrases oralement avant de les compléter.

SÉANCE 6 > Enrichir le texte

- Donner aux élèves la **fiche élève 5**. Pour réaliser l'enrichissement du texte, faire mieux observer la BD et reprendre chaque partie du texte.
  - **Situation initiale :** Faire préciser quand peut se passer cette histoire, indiquer qui est Bill (le chien d'un petit garçon Boule). Remarquer que Bill ronfle. Rédiger une phrase pour l'indiquer.
  - **Évènement perturbateur :** Relire la précision que donne Bill sur le cri horrible et l'ajouter.
  - **Les péripéties :** Remarquer le point d'interrogation et maman qui montre la souris ainsi que les mots en gras qui signifie qu'elle crie. Écrire une phrase pour apporter ces précisions.
    Remarquer dans la vignette suivante que Bill grogne et que les objets qui tombent par terre font du bruit. Ajouter ces précisions (par exemple : en grognant, en faisant « Blang, Clang, Blangbom »). Dans les vignettes suivantes, faire remarquer que Boule et sont père sont surpris et qu'ils sont inquiets. L'ajouter.
  - **Situation finale :** Remarquer les points d'interrogation, le point d'exclamation et la bouche ouverte de Boule qui marquent un fort étonnement. Chercher dans le dictionnaire le mot *étonnement* et relever les synonymes et chercher celui que l'on pourrait employer : *stupéfait – effaré – ébahi*. Remplacer le groupe de mots *très content* par un synonyme trouvé en cherchant *content* dans le dictionnaire : *ravi*.
- Lire la fin du texte et faire compléter la réponse de Maman à Papa. Accompagner les élèves dans la formulation puis l'écriture des phrases.

Pour réinvestir cette démarche de production d'un texte, télécharger sur Internet une autre planche de la bande dessinée de ***Boule et Bill*** et en faire raconter l'histoire en laissant davantage d'autonomie aux élèves dans la rédaction.

NOM : ....

Prénom : ....

Fiche élève 1

1. Lis le texte.

Mauvaise journée pour Zouzou

En ce mercredi après-midi ensoleillé, Enzo est dans le jardin derrière la maison. Zouzou, son jeune chien, dort ou fait semblant de dormir à l'ombre du cerisier. De temps en temps, il regarde vers son maitre. Il aimerait bien jouer avec lui pour se dégourdir un peu les pattes. Mais le garçonnet est occupé, il jardine avec Maman.

Tout à coup, le chien qui avait ouvert un œil, aperçoit un chat blanc sur le muret du jardin. Celui-ci trottine tranquillement, la queue en l'air. Incroyable et impensable ! Le chien, furieux, se dresse d'un bond et aboie de toutes ses forces. L'imprudent ne parait pas décidé à partir. Alors Zouzou fonce vers l'intrus, et Enzo voit son chien passer devant lui comme un fou. Voyant le monstre arriver, le matou est terrifié et il comprend qu'il faut fuir. Il saute dans la rue et détale aussi vite qu'il peut. Zouzou, apercevant la porte du jardin ouverte, court derrière lui. Enzo rappelle Zouzou, mais celui-ci ne l'écoute pas, il poursuit son ennemi.

Vers dix-huit heures, Zouzou n'est toujours pas rentré. Enzo est inquiet. Quelques minutes plus tard, il voit revenir son chien, fatigué, les oreilles basses, la langue pendante. Le pauvre toutou se jette sur son bol rempli d'eau, le vide complètement puis file sur son coussin. Il n'a pas attrapé le chat, c'est certain. Voyant l'air malheureux de son chien, Enzo n'a pas le courage de le gronder.

2. Écris des phrases pour résumer les différentes parties du texte.

La situation initiale ....

....

L'évènement perturbateur ....

....

Les péripéties ....

....

La situation finale ....

....

3. Écris les différentes manières de nommer :

Enzo : ....

le chien : ....

....

le chat : ....

....

Fiche élève 2

NOM : ....

Prénom : ....

1. Recopie le titre de la planche.

....

2. Écris dans chaque vignette le numéro correspondant à ce qui est raconté.

1. Situation initiale
2. Évènement perturbateur.
3. Péripéties
4. Situation finale

3. Rédige une phrase au présent pour répondre à chaque question.
Suis les consignes.
Pour chaque réponse, reprends les éléments de la question, de la BD et ceux écrits au tableau.
N'oublie pas le point à la fin des phrases.

Bande 1, case 1 : *Que fait Bill et où ?*

....

....

Bande 1, case 2 : *Qu'est-ce qui fait sursauter Bill ?*

....

....

NOM : ....
Prénom : ....

Fiche élève 2

Bande 1, case 3 : *Que fait Bill ? Où va-t-il ?*

....

....

....

Bande 2, case 1 : *Que voit Bill ? De quoi Maman a-t-elle peur ?*

....

....

....

Bande 2, case 2 : *Que poursuit Bill ? Où bondit-il ? Que renverse-t-il ?*
La réponse à la troisième question contient une énumération, pense aux virgules et au petit mot et entre les deux derniers groupes de mots.

....

....

....

Bande 3, case 1 : *Où travaillent Boule et Papa ? Qu'entendent-ils venant de la maison ?*

....

....

....

Bande 3, case 2 : *Que font Boule et Papa ? Pourquoi courent-ils ?*

....

....

....

Bande 4 : *Que découvrent-ils ? Que fait Maman ? Que promet-elle à Bill ? Bill est-il content ?*

....

....

....

Fiche élève 3

NOM : ....

Prénom : ....

1. Lis ce texte.

Bill dort dans un fauteuil. Un cri horrible fait sursauter Bill. Bill fonce dans la cuisine. Bill voit Maman sur la table. Maman a peur d'une souris. Bill poursuit la souris. Il bondit sur le buffet. Il renverse la corbeille de fruits, une cocotte et la cafetière.

Boule et Papa travaillent dans le jardin. Ils entendent des bruits anormaux venant de la maison.

Boule et Papa lâchent leurs outils. Ils courent voir ce qu'il se passe. Ils découvrent un désordre inimaginable. Maman embrasse Bill. Maman promet trois susucres à Bill. Bill est tout content.

2. Recopie les phrases en remplaçant les mots en gras par les pronoms ou les groupes nominaux suivants (les pronoms peuvent être utilisés plusieurs fois).

il – ils – elle – le – son sauveur – le brave petit chien – la petite bête paniquée

Bill dort dans un fauteuil. Un cri horrible fait sursauter **Bill**. **Bill** fonce dans la cuisine.

....

....

Bill voit Maman sur la table. **Maman** a peur d'une souris.

....

Bill poursuit **la souris**. Il bondit sur le buffet. Il renverse la corbeille de fruits, une cocotte et la cafetière.

....

....

Boule et Papa travaillent dans le jardin. Ils entendent des bruits anormaux venant de la maison.

Boule et Papa lâchent leurs outils. Ils courent voir ce qu'il se passe.

....

Ils découvrent un désordre inimaginable. Maman embrasse Bill.

Maman promet trois « susucres » à **Bill**. **Bill** est tout content.

....

....

NOM : ....

Prénom : ....

Fiche élève 4

1. Complète le texte en écrivant les indicateurs de temps dans les cadres en début de phrase. Chaque indicateur de temps n'est employé qu'une fois.

en arrivant – en entrant dans la cuisine – soudain – aussitôt – alors

Sauvetage

Bill dort dans un fauteuil.

[   ], un cri horrible le fait sursauter.

[   ], il fonce dans la cuisine. [   ], il voit Maman sur la table. Elle a peur d'une souris. [   ], Bill poursuit la petite bête paniquée. Il bondit sur le buffet. Il renverse la corbeille de fruits, une cocotte et la cafetière. Boule et Papa travaillent dans le jardin. Ils entendent des bruits anormaux venant de la maison. Ils lâchent leurs outils. Ils courent voir ce qu'il se passe.

[   ], ils découvrent un désordre inimaginable. Maman embrasse Bill. Elle promet trois gros « susucres » à son sauveur. Le brave petit chien est tout content.

2. Complète chaque phrase avec les mots *et* ou *qui*.

Boule et Papa .... travaillent dans le jardin entendent des bruits anormaux venant de la maison.

En entrant dans la cuisine, ils voient un désordre inimaginable .... Maman .... embrasse Bill.

Fiche élève 5

NOM : ....

Prénom : ....

1. Complète le texte ci-dessous pour l'enrichir.

Sauvetage

.................................., Bill, ... dort dans un fauteuil. ....

Soudain, un cri horrible .... le fait sursauter.

Aussitôt, il fonce dans la cuisine. En arrivant, il voit Maman sur la table. .... Elle a peur. Aussitôt, Bill poursuit la petite bête paniquée. Il bondit sur le buffet en .... Il renverse la corbeille de fruits, une cocotte et la cafetière qui tombent en faisant ....

Boule et Papa qui travaillent dans le jardin entendent des bruits anormaux venant de la maison. Ils lâchent leurs outils. .... et ...., ils courent voir ce qu'il se passe.

En entrant dans la cuisine, ils sont .... ils découvrent un désordre inimaginable et maman qui embrasse Bill. Elle promet trois gros « susucres » à son sauveur. Le brave petit chien est ....

— Que s'est-il passé ? demande Papa

Maman répond :

— ....

....

PARTIE 2
Projets d'écriture

Projet 1

Écrire un texte racontant un évènement vécu par la classe CP-CE1

> Il s'agit d'apprendre à raconter le déroulement d'une sortie, d'une activité réalisée en classe (plantation, expérience, réalisation d'un gâteau, d'un bricolage...), d'une fête, d'un spectacle ou de rendre compte d'un évènement particulier auquel on a assisté ou participé dans le cadre de la classe.

Un enjeu : il s'agit de raconter pour informer quelqu'un dans un journal, un blog, pour réaliser un affichage pour les parents ou les autres classes...

Informations théoriques

C'est un texte narratif construit avec une structure en trois parties :
1) une ou deux phrases pour indiquer de quel évènement il s'agit, où et quand il s'est déroulé, qui y a participé ;
2) le déroulement dans l'ordre chronologique en utilisant des verbes décrivant les différentes actions réalisées ;
3) la fin peut contenir une intervention subjective du narrateur sur l'évènement vécu.

Le texte narratif a un titre qui indique quel événement va être raconté. Il est mentionné par qui le texte a été rédigé. Le texte est souvent accompagné de dessins et de photos.

C'est un énoncé ancré dans la situation dans laquelle il est produit : un ou des élèves racontent à un moment donné ce qu'ils ont vécu : texte au passé (passé composé/imparfait et parfois plus-que-parfait) à la première personne du singulier ou du pluriel, ou à la troisième personne du singulier en utilisant *on*, avec les indicateurs de temps liés à cette situation (*maintenant, aujourd'hui, hier, il y a deux jours, le mois, demain*) et les indicateurs de lieu (*ici, dans cette ..., près de moi, nous ...*).

L'énoncé produit peut rapporter des paroles prononcées.

Contenus et compétences associés

- Identification des caractéristiques propres à un texte racontant un évènement vécu.
- Mise en œuvre guidée d'une démarche de production de textes : trouver et organiser des idées, élaborer des phrases qui s'enchainent avec cohérence, écrire ces phrases.
- Mobilisation des connaissances portant sur l'écrit à produire et sur la langue.
- Révision de l'écrit produit à l'aide d'outils élaborés dans la classe.

Démarche

1) Présenter le projet aux élèves
Projet : il s'agit de raconter un évènement vécu par la classe en dictant le texte à l'adulte.
Préciser les destinataires.
Expliquer aux élèves qu'avant de dicter ce texte, ils vont commencer par étudier des textes écrits par d'autres classes ayant raconté chacune un évènement vécu. Leur préciser pourquoi on va procéder ainsi (apprendre à rédiger un texte) et indiquer comment.

2) Réaliser cinq séquences de deux séances chacune
Au cours des séances, **l'oral** occupera une place importante : les échanges oraux (phrases syntaxiquement structurées et vocabulaire précis) sont à considérer comme des activités préparatoires à l'écriture.

Les fiches élèves serviront de support aux séquences, elles seront à réaliser par les élèves guidés pas à pas par l'enseignant. **Ces fiches élèves ont pour objectif d'amener progressivement les enfants à s'approprier les caractéristiques du texte qu'ils auront à produire** (séquence 6). Les consignes des activités doivent donc être paraphrasées et explicitées.

Chaque séquence se termine par une courte **production** en **dictée à l'adulte**, en lien avec une situation de classe effectivement vécue. Le texte produit est donné ensuite à mémoriser aux élèves. Des exemples (à titre purement indicatif) seront donnés plus loin.

Des **activités décrochées** seront proposées en étude de la langue à chaque séquence :
– **cinq séances de grammaire** pour se familiariser avec l'emploi du passé composé ;
– **une séance de vocabulaire** autour des verbes *faire* et *mettre* pour clore la séquence 3.

3) Écriture du texte à l'origine du projet avec la sixième séquence
Il s'agira alors de **relater un évènement important effectivement vécu par la classe elle-même**.Cette séquence mettra en œuvre la démarche de production écrite : recherche des idées, planification, rédaction et révision.
Le **texte attendu** sera un texte en trois parties, rédigé au passé composé (1re personne du pluriel ou 3e personne du singulier avec *on*), avec emploi d'indicateurs de temps et de verbes d'action.

Séquence 1 Repérer l'organisation d'un texte

Objectifs

- Appréhender l'organisation d'un texte.
- Comprendre l'ordre chronologique et le rôle des indicateurs de temps.
- Se familiariser avec l'emploi du passé composé.
- Élaborer un outil pour aider à l'écriture (liste des indicateurs de temps).

Matériel

- Fiche élève 1.

SÉANCE 1 > Dégager l'organisation d'un texte en trois parties

- Découvrir le texte de la **fiche élève 1** collectivement. Dégager qui l'a écrit (des élèves) et dans quel but (raconter une activité effectuée en classe). Préciser que ce texte a été publié dans un journal scolaire.
  Relever quand cette activité s'est déroulée et préciser où.
- Faire réaliser l'**activité 1** de la **fiche élève 1** et mettre en commun pour dégager l'organisation du texte en trois parties.
- Relire la partie 2 du texte et réaliser les **activités 2** et **3**. Mettre en commun.
  Relire cette deuxième partie du texte et souligner en vert les indicateurs de temps. Lister ces indicateurs sur une affiche : *la semaine dernière – d'abord – ensuite – puis – après quelques jours – enfin – une heure plus tard.* Cette affiche sera à compléter au fur et à mesure des séances.

SÉANCE 2 > Se familiariser avec l'emploi du passé composé

- Au cours de cette activité décrochée, reformuler oralement, dans quel ordre se sont déroulées les activités de la fiche élève 1 (lire le texte ; réaliser l'activité 1 et corriger ; réaliser les activités suivantes et corriger ; écrire sur une affiche les mots soulignés dans le texte). Demander à quatre élèves de rapporter chacun(e) une étape du déroulement de ces activités et de commencer sa phrase avec l'un des marqueurs de temps figurant dans la liste.
- Écrire ensuite ces phrases sous la dictée des élèves, introduire des verbes précis (*lire, réaliser, corriger, effectuer, écrire, employer*) et les conjuguer au passé composé.

  Par exemple : *D'abord on a lu le texte. Ensuite on a réalisé l'activité 1 et on a corrigé. Puis on a effectué les activités 2 et 3 de cette fiche et on a corrigé. Enfin l'enseignant a écrit sur une affiche les mots qu'on avait employés sur la fiche pour compléter les phrases.*

- Faire mémoriser ce texte par la classe.
Remarque : à l'occasion de cette phase de consolidation, les élèves feront ainsi un retour sur leur travail. Pour finir, il sera possible de formuler ce que les activités de la fiche leur ont permis d'apprendre (savoir repérer trois parties différentes dans un texte racontant un évènement vécu).

Séquence 2 Étudier le début d'un texte

Objectifs

- Repérer ce que nous apprend la première partie du texte : de qui ou de quoi il s'agit, où et quand cela se passe.
- Rédiger la phrase de présentation d'un évènement vécu.
- Consolider l'emploi du passé composé.

Matériel

- Fiche élève 2.

SÉANCE 1 > Présenter un évènement vécu

- Faire réaliser l'**activité 1** de la **fiche élève 2**. Au moment de la correction, écrire cette phrase au tableau, puis entourer où et quand a eu lieu l'activité en utilisant les couleurs demandées sur la fiche. Ensuite, relire le début du compte rendu précédent. Écrire la phrase au tableau et entourer avec les mêmes couleurs où et quand cette activité avait eu lieu.
- Découvrir le texte collectivement **(activité 2)**. Poser quelques questions pour dégager qui l'a écrit et dans quel but. Remarquer les similitudes avec le texte précédent (émetteurs : des élèves ; dans le but de raconter à d'autres personnes un évènement et ce qu'ils ont fait). Faire réaliser l'**activité 2** et corriger. Approfondir ensuite le texte en questionnant oralement la classe pour dégager ce que ces élèves ont fait ensuite et dans quel ordre.
- Passer à l'**activité 3** qui peut être réalisée après avoir constitué des groupes de trois élèves. Rappeler que la phrase doit débuter par une majuscule et se terminer par un point. Ensuite, mettre en commun les réponses en demandant à un élève de chaque groupe de lire la phrase écrite.
- Relire le texte et souligner les marqueurs de temps, puis compléter l'affiche débutée la séance précédente avec ces nouveaux indicateurs de temps : *le 25 novembre – pendant un mois – la semaine suivante*.

SÉANCE 2 > Consolider l'emploi du passé composé

- Au cours de cette activité décrochée, inviter les élèves à évoquer oralement un évènement récent de la vie de la classe. Le faire raconter.
- Écrire ensuite ces phrases sous la dictée des élèves après en avoir dégagé l'essentiel.
Par exemple : *Le Mardi Gras, on a mis un masque et on a défilé dans les rues. Ensuite, on a mangé des crêpes puis on a chanté. Enfin on a dansé.*
- Faire mémoriser ce texte au passé composé.
- Transformer ce texte et le redire, toujours au passé composé, mais en changeant la personne : *nous/on*. On peut récrire le texte ainsi modifié.

À l'issue de cette séance, recenser avec les élèves ce qu'ils ont appris depuis la 1re séquence (savoir repérer trois parties différentes dans un texte racontant un évènement vécu ; écrire le début d'un texte racontant un évènement vécu).

Séquence 3 Employer des verbes d'action

Objectifs

- Repérer les verbes d'action qui marquent les étapes du texte.
- Enrichir son vocabulaire avec des verbes d'action.
- Employer des verbes d'action.
- Rédiger une phrase avec des verbes retraçant un évènement vécu.

Matériel

- Fiche élève 3.

SÉANCE 1 > S'approprier des verbes d'action

- Lire le texte une première fois à la classe en le commentant. Expliquer aux élèves que Filou est l'ourson d'une classe de Grande Section-CP. Préciser que, depuis le début de l'année, il a entrepris un tour du monde. Son périple en Russie a amené la classe en question à fabriquer des matriochkas.
Une fois, la compréhension du contexte établi, le travail sur la **fiche élève 3** peut commencer.
Dans ce texte les verbes ont été soulignés car il a semblé trop difficile, à ce niveau, de demander aux élèves de le faire. Il parait par ailleurs nécessaire d'attirer très vite leur attention sur ces verbes en fonction des objectifs lexicaux de cette séquence. À noter, cette séquence ne se limitera pas à deux séances, mais comportera une troisième séance consacrée au vocabulaire.
- Ensuite, relire le texte de la fiche élève 3 et repérer les trois parties qui le composent.
Recopier la première phrase (comme pour les séances 1 des séquences précédentes). Entourer en bleu la réponse à la question *où* posée oralement et la réponse à la question *quand*. Ceci afin de consolider les acquis. Attirer l'attention sur le fait que la question *où* se rapporte à ce qu'ont fait les auteurs du texte (afin que les élèves ne confondent pas avec Filou qui lui se rend en Russie).
- Relire les parties 2 et 3 du texte et attirer l'attention des élèves sur le fait que ce texte raconte d'une part ce qu'a fait Filou, et d'autre part ce que la classe en question a fait (passage du *il* (personnage dont parle la classe) au *nous* (désignant les élèves qui ont écrit ce texte). Réaliser les **activités 1** et **2** et mettre en commun les travaux de cette fiche.
- Compléter l'affiche avec les indicateurs de temps relevés dans ce texte : *en décembre – à son arrivée – le soir – le matin*.
- Commencer à constituer une liste de verbes avec les verbes d'action relevés dans ce texte (accompagnés du pronom personnel sujet) : *nous avons préparé, nous avons fabriqué, nous avons réalisé.*

SÉANCE 2 > Orthographier des formes verbales

- Réaliser l'**activité 3** de la **fiche élève 3** et mettre en commun. Recopier dans la liste les verbes proposés sur la fiche **(activité 3)** : *nous avons couru, nous avons sauté, nous avons marché, nous avons dansé, nous avons grimpé, nous avons joué*. Relire le texte de la fiche élève 3 et continuer la liste : *nous avons fabriqué, la maitresse a épluché, on a lavé, on a coupé, on a râpé, on a remué, on a séparé*. Relever la phrase : *On a mis les cossettes dans un saladier*. Chercher à remplacer le verbe *mettre* par un verbe plus précis (*on a versé*) et l'ajouter à la liste.
- Relire le texte de la fiche élève 2 et lister les verbes : *nous avons assisté, nous avons travaillé, nous avons créé, nous avons dessiné, nous avons réalisé* (déjà dans la liste), *nous avons fait du jonglage, nous avons utilisé, nous avons marché*. Revenir sur *nous avons fait du jonglage* et chercher comment remplacer le verbe *faire* (*nous avons jonglé*).

SÉANCE 3 > Enrichir le vocabulaire

- Proposer une activité décrochée en vocabulaire en demandant de remplacer le verbe *faire* puis le verbe *mettre* par un autre verbe plus précis.
- Donner des phrases avec le verbe *faire* et chercher un autre verbe. L'enseignant peut mimer le verbe à trouver quand c'est possible.
  Par exemple :
  Je fais la vaisselle. (essuyer)
  L'enfant fait un château de sable. (construire)
  Il fait un gâteau. (préparer)
  Tu fais un trou. (creuser)
  Elle fait des dessins. (dessiner)
  Il fait une lettre. (écrire)
- Même travail avec le verbe *mettre*.
  Elle met une robe. (enfiler)
  Elle met le plat sur la table. (poser)
  Il met son cahier dans sa case. (ranger).
  Tu mets de la confiture sur une tartine. (étaler)
  Vous mettez le plat dans le four. (placer)

SÉANCE 4 > Consolider l'emploi du passé composé

- En activité décrochée, inviter les élèves à raconter oralement, au passé composé, un évènement récent de la vie de la classe. Le faire raconter.
- Écrire ensuite cet évènement sous la dictée des élèves après en avoir dégagé l'essentiel.
  Par exemple :
  Avant Noël, en classe, nous avons découpé des étoiles dans du carton doré. Ensuite, nous avons fabriqué des guirlandes avec du papier coloré. Puis nous avons décoré la classe. Nous avons appris un chant de Noël et nous l'avons chanté devant les autres classes.
- Faire mémoriser ce texte au passé composé. Le transformer et le redire, toujours au passé composé, mais en changeant la personne : *nous/on*.

Séquence 4 Comprendre le rôle du titre dans un texte

Objectifs

- Découvrir et utiliser les caractéristiques d'un texte.
- Comprendre le rôle du titre du texte.
- Trouver et rédiger un titre.

Matériel

- Fiche élève 4.

SÉANCE 1 > Déterminer la fonction d'un titre

- Lire le texte dans son intégralité et faire préciser quels mots y sont soulignés et la fonction de ces mots (indiquer quand les actions ont eu lieu). Réaliser l'**activité 1** de la **fiche élève 4** et compléter ensuite l'affiche avec les indicateurs de temps : *Il y a plusieurs jours – À toutes les récréations – Hier matin – Plus tard – Hier soir – Ce matin – Quelques mois après – Maintenant*.
- Passer à l'**activité 2** et, après l'avoir corrigée, compléter l'affiche avec les verbes d'action : *on a découvert, on a observé, on a vu bouger, elle a passé un brin de paille, on a aperçu, Arthur a cherché, il a écrit, la maitresse a sorti la larve, Arthur a expliqué, le bébé fourmilion creuse, il attrape, il se transforme et s'envole*.
- Réaliser l'**activité 3**. Déterminer ensuite la fonction du titre (informer le lecteur sur le contenu du texte). Remarquer que le titre du texte de la **fiche élève 4** (comme les autres titres) est écrit en caractères gras pour attirer l'attention. Préciser qu'il peut aussi être écrit avec une autre couleur que le texte. Ajouter que l'on donne un titre à un texte le plus souvent après écriture du texte (démarche à reprendre séquence 6).

SÉANCE 2 > Écrire des titres

- Redire de mémoire les textes à mémoriser (séance 2 des séquences 1 et 2, et séance 4 de la séquence 3). Relire ensuite chacun de ces textes et leur chercher un titre, puis, en dictée à l'adulte, l'écrire.
- Inviter un élève volontaire à évoquer oralement un évènement de la vie quotidienne, vécu personnellement, dans l'école (même minime). Le faire raconter. Écrire ensuite ces phrases sous sa dictée. Mémoriser le texte produit.
- Proposer de transformer les phrases en remplaçant le pronom *je* par *nous*, puis *on* (si le contenu du texte le permet). Donner un titre à ce texte.
  Par exemple : ***La disparition d'Oscar***
  Hier en entrant dans la classe, je n'ai pas vu le hamster. J'ai cherché partout derrière les meubles. J'ai appelé : Oscar ! Oscar ! Tout à coup j'ai aperçu Oscar qui sortait d'un tiroir du bureau. Je l'ai pris et je l'ai remis dans sa cage.
- Rappeler le projet de la classe et ce que, depuis la séquence 1, elle a appris :
  1) à repérer trois parties différentes dans un texte racontant un évènement vécu ;
  2) à écrire le début d'un texte racontant un évènement vécu ;
  3) à écrire un texte à un temps du passé (passé composé) ;
  4) à utiliser des mots pour savoir à quel moment les actions ont eu lieu ;
  5) à employer des verbes précis pour décrire les actions effectuées.
  Se référer aux écrits de travail élaborés (affichettes avec les débuts de chaque texte présent sur les fiches, listes de marqueurs de temps, liste de verbes).

Séquence 5 Étudier la fin d'un évènement vécu

Objectifs

- Repérer ce que la troisième partie du texte apprend au lecteur : comment se termine l'évènement et ce que la classe concernée en pense.
- Rédiger la fin d'un évènement vécu.

Matériel

- Fiche élève 5.

SÉANCE 1 > Choisir une fin

- Réaliser les **activités** de la **fiche élève 5**. Attention, pour l'**activité 3**, il y a deux fins possibles ; à mettre en évidence lors du corrigé. Formuler que la 3e partie du texte apprend au lecteur comment s'est terminé l'évènement et ce que la classe concernée en pense (ou en a pensé).
- Compléter l'affiche avec les indicateurs de temps : *au mois de novembre.*
- Compléter l'affiche avec les verbes d'action : *nous avons organisé, nous avons fait cuire, nous l'avons mis, nous avons ensuite installé, Tym, Rémi et Nathan ont planté, nous avons mangé, nous avons apporté*. Constater que l'on pourrait remplacer *nous l'avons mis* par *nous l'avons placé*.

SÉANCE 2 > Conclure le récit d'un évènement vécu

- Raconter un évènement vécu par la classe. Dicter à l'adulte. Souligner la fin.
- Transformer la ou les phrases de cette fin en changeant la personne (*nous/on*.)
- Donner un titre.
  Par exemple : ***Le petit écureuil***
  L'année dernière, nous sommes allés dans un parc. Dans un chemin, nous avons vu un écureuil. Il a sauté dans un arbre et il a disparu. Nous sommes restés longtemps devant l'arbre mais nous ne l'avons pas revu.
- Relire les textes dictés à l'adulte séances 2 (séquences 2 et 4) et séance 4 (séquence 3) et leur donner un titre.

Séquence 6 Rédiger un texte relatant un évènement vécu. Réviser. Éditer

Objectifs

- Mettre en œuvre la démarche d'écriture.
- Utiliser les caractéristiques du texte.
- Réviser son texte.
- Recopier et mettre en page le texte.

Remarque : les documents de travail élaborés au cours des séquences restent à la vue des élèves.

SÉANCE 1 > Rechercher des idées et rédiger

- Commencer à rappeler quel évènement va être raconté (revoir la démarche développée au cours de ce projet) ainsi que les destinataires et le mode de diffusion utilisé. Réinvestir la structure en 3 parties.
- Dicter la première partie du texte (1 ou 2 phrases au passé composé) sans oublier de préciser quand et où a eu lieu l'évènement.
- Oralement, retrouver ensuite la chronologie des actions (organisation des idées correspondant à la deuxième partie du texte). Dicter cette partie du texte à l'adulte (3 à 4 phrases, voire davantage) en utilisant des marqueurs de temps (les élèves doivent pouvoir se référer à la liste établie) et en employant des verbes d'action précis.

SÉANCE 2 > Réviser, conclure et recopier

- Relire le texte aux élèves (parties 1 et 2). Faire reformuler si nécessaire (révision du texte).
- Reformuler oralement comment s'est terminé l'évènement et ce que la classe en pense ou en a pensé (appel à la subjectivité).
- Dicter à l'adulte cette conclusion (1 ou 2 phrases).
- Chercher un titre, recueillir les propositions et choisir le titre le plus adéquat.
- Faire recopier le texte avec soin, en respectant la mise en page observée au cours de la découverte des textes produits par les élèves. Écrire le titre d'une autre couleur que le texte.

Outils à conserver et afficher dans la classe

Liste des indicateurs de temps

la semaine dernière	pendant un mois	hier matin
d'abord	la semaine suivante	plus tard
ensuite	en décembre	hier soir
puis	à son arrivée	ce matin
après quelques jours	le soir	quelques mois après
enfin	le matin	maintenant
une heure plus tard	il y a plusieurs jours	au mois de novembre
le 25 novembre	à toutes les récréations	

Liste des verbes d'action

- nous avons préparé – nous avons fabriqué – nous avons réalisé
- la maitresse a épluché – elle a lavé – elle a coupé – on a râpé – on a remué – on a séparé – on a versé
- nous avons assisté – on a travaillé – nous avons créé – nous avons dessiné – nous avons jonglé – nous avons utilisé
- nous avons marché
- on a découvert – on a observé – on a vu bouger – elle a passé un brin de paille – on a aperçu – Arthur a cherché – il a écrit – la maitresse a sorti la larve – Arthur a expliqué – le bébé fourmilion creuse – il attrape – il se transforme et s'envole
- nous avons organisé – nous avons fait cuire – nous l'avons mis – nous avons ensuite installé
- Tym, Rémi et Nathan ont planté – nous avons mangé – nous avons apporté, – nous l'avons placé

NOM : ....

Prénom : ....

Fiche élève 1

1. Entoure les trois parties du texte avec des couleurs différentes.

La fabrication du sucre

La semaine dernière, nous avons fabriqué du sucre en classe.

D'abord, la maitresse a épluché la betterave. Ensuite, on l'a lavée et coupée. Puis on a râpé les morceaux de betterave. On a obtenu *des cossettes*. On les a mises dans un saladier avec de l'eau et on a remué le mélange. Après quelques jours, on a séparé l'eau des cossettes avec une passoire et on a gardé l'eau. Cette eau était sucrée. Enfin, on a mis l'eau sucrée dans une tourtière et on l'a chauffée à feu très doux sur une plaque électrique. Il y avait de moins en moins d'eau dans la tourtière. Une heure plus tard, on a obtenu une pâte avec des petits cristaux brillants.

On a gouté, c'était bon, c'était du sucre !

La classe de CP-CE1 de l'école de la Gare

2. Découpe les numéros et colle-les sur la page suivante pour indiquer l'ordre dans lequel les élèves ont fabriqué le sucre.

✂ ....

1	2	3	4	5	6	7

Fiche élève 1

NOM : ....

Prénom : ....

3. **Complète chaque phrase à côté de la photo avec les mots suivants :**
D'abord – Ensuite – Puis – Après quelques jours – Une heure plus tard

☐  .... la maitresse a épluché la betterave.

☐  On a mis les cossettes dans un saladier avec de l'eau.

☐  .... on a râpé les morceaux de betteraves.

☐ 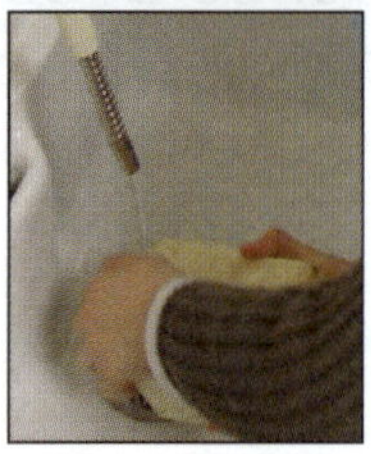 .... on a lavé et coupé la betterave.

☐  .... on a séparé l'eau des cossettes avec une passoire.

☐  On a gouté, c'était bon, c'était du sucre !

☐ 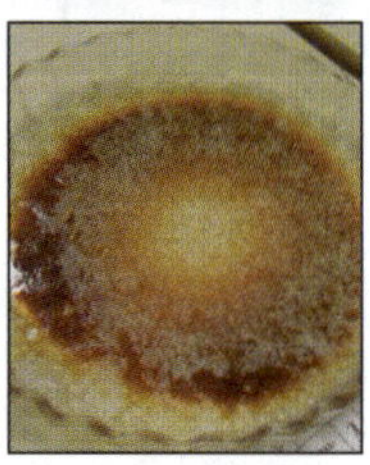 ...., on a obtenu une pâte avec des petits cristaux brillants.

NOM : ....

Prénom : ....

Fiche élève 2

1. Lis la phrase.

La semaine dernière, nous avons fait du sucre en classe.

a. Entoure en bleu où les élèves ont fabriqué du sucre.
b. Entoure en vert quand les élèves ont fabriqué du sucre.
c. Mets la majuscule et le point en couleur.

2.a. Entoure la première partie du texte.

Le cirque à l'école

Le 25 novembre, nous avons assisté à un spectacle de cirque à Reims.

Pendant un mois, nous avons travaillé sur le cirque. Dans la salle de sport, nous avons créé des équilibres comme au cirque. Nous les avons d'abord dessinés, puis nous les avons réalisés dans la salle de motricité. La semaine suivante, nous avons fait du jonglage. Pour cela, nous avons utilisé des assiettes chinoises. Pour réussir à jongler, il faut être très habile, et il faut se concentrer. Ensuite, nous avons marché comme un clown. C'était très drôle ! Enfin, en classe, nous avons réalisé un abécédaire du cirque.

Toute la classe a adoré travailler sur le cirque ! Et nos parents ont admiré notre abécédaire.

La classe de CE1-CE2 de l'école Jacques Pelletier

Notre abécédaire extraordinaire

Le clown Auguste Adore s'Amuser avec les Animaux qui font des Acrobaties à l'aide des Anneaux et des Assiettes chinoises.

Le clown Blanc prend du Bonheur à faire de la Batterie sur les Barres du Balcon.

Le clown conduit la chèvre et le chat sous le chapiteau du cirque dans leur carrosse imaginaire.

Fiche élève 2

NOM : ....

Prénom : ....

2.b. **Écris où les élèves sont allés au spectacle.**

....

c. **Écris quand les élèves sont allés au spectacle.**

....

d. **Entoure le spectacle auquel les élèves ont assisté.**

un spectacle de marionnettes

un spectacle de cirque

un ballet

3. **Imagine le début d'un texte racontant une sortie à un spectacle.**
Pour cela, choisis une date, une ville proche de l'école et le spectacle parmi ce qui est proposé ci-dessous.

un spectacle de marionnettes

un film au cinéma

un spectacle de danse

Une sortie au spectacle

...., *nous avons assisté*

....

....

....

....

....

....

NOM : ....

Prénom : ....

Fiche élève 3

Le voyage de Filou en Russie

En décembre, nous avons préparé, dans la classe, une valise pour Filou qui partait en Russie par le train.

À son arrivée, il a visité une école. Les élèves ont dansé et chanté pour lui. Le soir, il a dormi dans une isba et le matin il a bu du thé servi avec un samovar. Ensuite, Filou est allé à Moscou et il a admiré la cathédrale Saint Basile. Il est revenu après deux semaines de voyage. Il a rapporté des matriochkas. En classe, nous en avons fabriqué avec du carton. Nous avons réalisé le carnet de voyage en Russie de Filou.

Cela nous a donné beaucoup de travail, mais pour Filou, c'est un joli souvenir !

La classe de GS-CP de l'école de Longueval

un chant russe

une danse russe

une isba

un samovar

la cathédrale Saint Basile

des matriochkas

Fiche élève 3

NOM : ....

Prénom : ....

1. Complète les phrases avec les verbes qui disent ce que Filou a fait.

Filou a .... dans une  .

Filou a .... du thé servi avec un  .

Filou a .... la  .

Filou a .... des  .

2. Complète les phrases avec les verbes qui disent ce que les élèves ont fait.

Nous avons .... une  pour Filou.

Nous avons .... des  en carton.

Nous avons .... le 

de Filou.

3. Imagine une phrase racontant ce que la classe a fait dans la séance de sport.
Choisis trois activités parmi celles proposées.

avons couru	avons sauté	avons marché	avons dansé	avons grimpé	avons joué au ballon

Hier, nous .... puis nous ....

et enfin nous ....

NOM : ....

Prénom : ....

Fiche élève 4

Un mystère à l'école

Il y a plusieurs jours, on a découvert des trous dans le sable, près d'un mur de la cour de l'école.

À toutes les récréations, on a observé les trous. Hier matin, on a vu bouger dans un trou. Plus tard, on a vu une fourmi morte. La maitresse a dit : « Dans chaque trou, il y a une petite bête. » Elle a passé un brin d'herbe au bord du trou. Alors on a aperçu des crochets et du sable a volé.

La larve du fourmilion

Hier soir, Arthur a cherché sur Internet, il a écrit dans le moteur de recherche : « des bêtes qui font des trous et qui mangent des fourmis ». Ce matin, il a rapporté des images d'une larve de fourmilion. Alors la maitresse a sorti la petite bête du sable avec une petite cuillère et on a vu la larve du fourmilion.

Un fourmilion adulte

Cet après-midi, Arthur a expliqué : « Le bébé fourmilion creuse un trou dans le sable. Il attrape les fourmis qui passent près du trou en leur jetant du sable avec sa tête. Il reste deux ans dans le trou, puis il fabrique un cocon tout rond. Quelques mois après, il se transforme et s'envole avec ses grandes ailes dans les buissons. »

Maintenant, nous savons pourquoi il y a des trous dans le sable de la cour de l'école. Et nous faisons attention à ne pas détruire les pièges des fourmilions.

La classe de CE1-CE2 d'une école de l'Aisne

1. Recopie les mots qui indiquent quand les actions ont eu lieu.
maintenant – hier soir – ce matin – il y a plusieurs jours – à toutes les récréations

On a découvert des trous : ....

On a observé les trous : ....

Arthur a recherché sur Internet : ....

Arthur a apporté des images de fourmilion : ....

On sait pourquoi il y a des trous dans le sable : ....

Fiche élève 4

NOM : ....
Prénom : ....

2. Découpe et colle les verbes qui disent ce que fait le fourmilion.

Le bébé fourmilion ____________ un  .

La larve de fourmilion ____________ les  .

Le  ____________ .

3. Relie le titre à l'image du texte qui correspond.

La fabrication du sucre • • 

Mystère à l'école • • 

Le cirque à l'école • • 

Le voyage de Filou en Russie • • 

4. Quel est l'évènement présenté ?

....

....

✂ ....

s'envole	attrape	creuse

NOM : ....

Prénom : ....

Fiche élève 5

Le dégué au fonio

En novembre, pour les anniversaires, nous avons organisé un gouter avec une recette d'Afrique : le dégué au fonio. Le fonio ressemble à de la semoule.

Hier, nous avons fait cuire le fonio puis nous l'avons mis au frais. Nous avons ensuite installé des nappes africaines sur les tables. La maitresse a épluché et coupé une mangue. Ce n'était pas facile car il y avait un gros noyau blanc au milieu. Tym, Rémi et Nathan ont planté des bougies dans des bananes. Nous avons mangé le dégué au fonio avec un morceau de banane et un morceau de mangue. Nous avons bu du jus de mangue avec tout cela.

Nous nous sommes bien régalés. Alors, nous avons apporté du dégué au fonio à l'autre classe de CP.

La classe de CP de l'école Jean Moulin

1. Recopie la phrase qui indique que les élèves ont bien aimé le dégué au fonio.

....

2. Relie la fin du texte à la photo qui convient.

Maintenant, nous savons pourquoi il y a des trous dans le sable de la cour de l'école. Et nous faisons attention à ne pas détruire les pièges des fourmilions. •

Toute la classe a adoré travailler sur le cirque ! Et nos parents ont admiré notre abécédaire. •

Cela nous a donné beaucoup de travail, mais pour Filou, c'est un joli souvenir ! •

On a gouté, c'était bon, c'était sucré ! •

• 

• 

• 

• 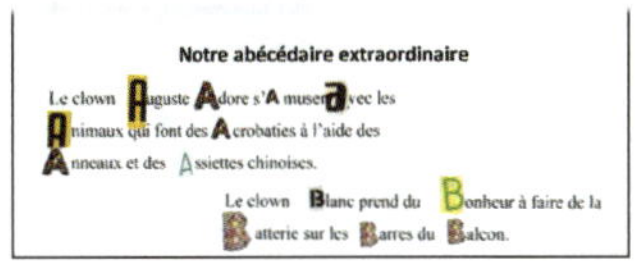

Notre abécédaire extraordinaire

Le clown Auguste Adore s'Amuser avec les Animaux qui font des Acrobaties à l'aide des Anneaux et des Assiettes chinoises.

Le clown Blanc prend du Bonheur à faire de la Batterie sur les Barres du Balcon.

Fiche élève 5

NOM : ....

Prénom : ....

3. Choisis une fin qui convient pour le texte. Découpe-la et colle-la.

Au Salon du Livre

Au début du mois de décembre, nous sommes allés au Salon du Livre.

Là-bas, nous avons rencontré un auteur, Fred Liggi. Nous lui avons posé des questions sur ses héros et nous avons discuté avec lui. Il nous a présenté son dernier livre. Il nous l'a même dédicacé. Ensuite, nous avons joué les illustrateurs au stand des éditions « Les deux petites poules d'or ». La maitresse a acheté plusieurs livres et nous sommes rentrés à l'école.

La classe de CP de l'école Jean-Moulin

✂ ....

Nous sommes maintenant pressés de lire les livres que la maitresse a rapportés.
Nous nous sommes bien régalés et nous n'avons plus faim.
Notre histoire était réussie et nous l'avons publiée.
Le soir, nous étions fatigués mais nous étions contents de notre journée.

Projet 2

Écrire un conte à structure répétitive

CE1-CE2

> Il s'agit d'amener les élèves à imaginer un conte à structure répétitive à partir de l'exploitation de contes présentant la même structure. Pour ce faire, les préparer, dans le même temps, à écrire un texte composé de plusieurs paragraphes et comportant des dialogues.

Un enjeu : transmettre ce conte à d'autres classes après avoir recopié le texte à l'ordinateur.

Informations théoriques

Les trois contes proposés ici comportent des péripéties à caractère répétitif et accumulatif : ***L'ogre Michu*** (chaine de dévoration) ; ***Le grain de riz*** (enchainement de situations répétitives) ; ***La terrible mangudze*** (version chinoise du conte *Les musiciens de la ville de Brême*).

On gardera en mémoire la structure de chaque conte exploité en vue de dégager le schéma narratif du conte à imaginer et à écrire ensuite.

Collectivement, les élèves seront amenés à comparer les trois contes pour dégager ce qu'ils ont en commun en vue d'aboutir à une trame narrative leur permettant d'**imaginer leur propre conte**. Puis, en petits groupes, à partir de cette trame, ils participeront à l'écriture du texte et à sa révision.

Contenus et compétences associés

- Identification progressive des caractéristiques propres à ce type de conte.
- Mise en œuvre guidée d'une démarche aboutissant à la création et à l'écriture du conte : élaboration de la structure du conte à écrire ensuite, écriture de paragraphes et de phrases syntaxiquement structurés, enchainements des actions, écriture de dialogues.
- Mobilisation des connaissances portant à la fois sur le type de conte à imaginer et sur la langue.
- Révision de l'écrit produit à l'aide d'outils élaborés dans la classe au cours de séances spécifiques (se préparer à écrire).

Démarche

1) Présenter le projet aux élèves

Projet : Imaginer et écrire un conte.
Préciser les destinataires : par exemple, d'autre(s) classe(s).
Indiquer aux élèves qu'ils vont lire et exploiter des contes qui serviront de support à leur création. Préciser que ces contes ont des caractéristiques communes qu'il s'agira de repérer. Afficher les titres des trois contes.

2) Exploiter les contes

Dans un premier temps, les élèves découvriront ces contes à structure répétitive propres à enrichir leur imaginaire. Ils apprendront à en dégager la trame narrative qui guidera ensuite la phase de création du conte. Ils s'entraineront à raconter ces contes en vue de développer les capacités à organiser un récit et à conter l'histoire dans un langage syntaxiquement structuré.

La lecture à haute voix du premier conte permettra ensuite d'attirer l'attention sur les dialogues et la manière de les formuler. Les fiches élèves conduiront les élèves à s'entrainer à rédiger.

Dans un second temps, se situent les phases de création et de rédaction du conte avec réinvestissement des acquis antérieurs.

3) Réaliser trois séquences composées de plusieurs séances chacune

Au cours des séances, l'**oral occupera une place importante**. Pour chaque séance, le point de départ est l'**étude d'un conte**. Il s'agit d'un véritable moment de lecture et les échanges oraux permettront d'assurer sa bonne compréhension.

Les fiches élèves ont pour objectif de développer les compétences grammaticales et lexicales pour que les élèves soient plus à même ensuite de rédiger le conte dont la trame narrative aura été élaborée. Les consignes des activités doivent être paraphrasées et explicitées.

Les mises en commun qui suivront les activités individuelles sur les fiches élève sont également à considérer comme des activités langagières en tant que préparatoires à l'écriture du conte créé par les élèves dont elles constitueront ainsi la matrice. Elles servent de support aux séquences menées collectivement et oralement autour de chaque conte.

Séquence 1 Exploiter *L'ogre Michu*

Objectifs

- S'approprier les caractéristiques d'un conte en randonnée.
- Retrouver l'ordre d'entrée en scène des personnages (ordre de dévoration).
- Indiquer en quel lieu s'effectue chaque rencontre.
- Repérer l'ordre inversé de sortie des personnages du ventre de l'ogre au regard de leur ordre d'entrée.
- Distinguer parties narratives et dialogues.
- Raconter l'histoire dans un langage syntaxiquement structuré.
- Lire à haute voix le texte en mettant le ton.
- Relater la phase initiale par écrit.
- Utiliser des indicateurs d'espace pour rendre compte d'un itinéraire.
- Repérer dans le texte les mots utilisés pour donner des renseignements sur des personnages (adjectifs) et leur place dans le groupe nominal.
- Écrire au passé composé un texte écrit au présent.
- Écrire un texte en remplaçant les personnages et les lieux du conte *L'ogre Michu* par d'autres personnages et d'autres lieux.

Matériel

- Textes de ***L'ogre Michu*** (un texte par élève).
- Étiquettes portant les noms des personnages (en deux exemplaires) et des lieux.
- Fiche élève 1.

SÉANCE 1 > Écrire le début du conte

Comprendre le texte

- Lire d'abord le texte à la classe dans son intégralité (Lea.fr). Puis laisser les élèves réagir. Recenser les personnages. Écrire leurs noms au tableau dans le désordre.

Analyser le texte

- Demander aux élèves si ces personnages leur en évoquent d'autres déjà rencontrés dans des histoires. D'abord l'ogre qui est présent dans de nombreux contes à l'école maternelle. Puis, les trois petits cochons (bien connus à travers diverses versions), la tortue s'ils connaissent la fable de La Fontaine et peut-être aussi le lapin blanc (éventuellement croisé dans *Alice au pays des merveilles*).

Se préparer à écrire

- Écrire la phase initiale du conte (**fiche élève 1 activité 1**). Avant l'activité, relire à la classe (ou faire relire aux élèves) le premier paragraphe du texte puis les inviter à raconter cette phase de l'histoire sans se reporter au texte.

L'ogre Michu

Ce matin-là, quand Michu se réveille, il est affamé. Sur la table de cuisine, il dispose tous les aliments qu'il peut trouver, et il engloutit tout. Il avale quinze gros soufflés, il dévore cinquante pâtés en croûte et il déguste trois cents sablés. Mais il a encore faim, alors il décide de se diriger vers l'école en pensant que deux ou trois marmots à croquer lui permettront d'attendre l'heure du déjeuner.

Dans le jardin de sa maison, il rencontre d'abord un lapin blanc.
— Voulez-vous me laisser passer ? demande le lapin. J'ai rendez-vous, et je suis en retard.
— Non, répond Michu, **j'ai déjà mangé quinze gros soufflés, cinquante pâtés en croûte et trois cents sablés, mais j'ai encore faim…**
Et Hip ! Hap ! Hop ! Disparu le lapin.

Dans la rue, l'ogre croise une petite tortue timide qui avance à son rythme.
— Écartez-vous, s'il vous plait, murmure la tortue, je fais la course avec un lièvre, et je veux arriver avant lui.
— Cela m'est bien égal, dit Michu. **J'ai déjà avalé quinze gros soufflés, cinquante pâtés en croûte, trois cents sablés et un lapin blanc, mais j'ai encore faim…**
Et Hip ! Hap ! Hop ! Disparue la tortue dans le ventre de l'ogre.

Près d'une courette, L'ogre Michu rencontre une poulette dodue.
— Mettez-vous de côté, crie la poulette, vous me gênez. Je cours me plaindre au roi parce que le ciel m'est tombé sur la tête.
— Ma poulette, déclare l'ogre, **j'ai déjà mangé quinze gros soufflés, cinquante pâtés en croûte et trois cents sablés, un lapin blanc et une petite tortue, mais j'ai encore faim…**
Et Hip ! Hap ! Hop ! Disparue la poulette dans le ventre de l'ogre.

Sous un pont, trois petits cochons heureux d'être enfin débarrassés du loup.
— Vite poussez-vous, ordonnent les trois cochons, nous allons à la fête.
— Salut les cochons ! réplique l'ogre. **J'ai déjà mangé quinze gros soufflés, cinquante pâtés en croûte, trois cents sablés, un lapin blanc, une petite tortue, une poulette dodue, mais j'ai encore faim…**
Et Hip ! Hap ! Hop ! Disparus les trois petits cochons dans le ventre de l'ogre.

Arrivé devant l'école, l'ogre voit soudain Barnabé, un garçon gentil. Il est en retard et il bouscule Michu.
— Pardon monsieur, chuchote l'enfant au lieu de se sauver.
— Petit voyou, tu oses me bousculer, gronde l'ogre. **J'ai déjà mangé quinze gros soufflés, cinquante pâtés en croûte, trois cents sablés, un lapin blanc, une petite tortue, une poulette dodue et trois petits cochons, mais j'ai encore faim…**
Et Hip ! Hap ! Hop ! Disparu le marmot dans le ventre de l'ogre.

Michu est maintenant rassasié lorsqu'il rencontre deux crabes très impolis.
— Allez-vous en, allez-vous en, ordonnent les crabes, vous tenez trop de place, nous sommes pressés. Très en colère, l'ogre Michu hurle, **j'ai mangé quinze gros soufflés, cinquante pâtés en croûte, trois cents sablés, un lapin blanc, une petite tortue, une poulette dodue, trois cochons et un gamin, mais j'ai encore faim…**
Et, Hip ! Hap ! Hop ! Disparus les deux crabes dans le ventre de l'ogre.

Une fois dans la grosse panse de Michu, les deux crabes se mettent très vite au travail. Ils commencent par faire un petit trou avec leurs pinces dans le ventre de l'ogre, et ensuite un trou beaucoup plus grand et ils sortent. Derrière eux suivent : le garçon, les trois cochons, la poulette, la tortue et le lapin. Après la poulette prend le temps de recoudre le ventre de Michu, puis elle court chez le roi.

Enfin l'ogre se réveille.
— J'ai mal au ventre ! braille alors Michu.
Puis, tout penaud et endolori, il disparait. Et croyez-moi, il n'est jamais plus revenu.

Anne Popet

- Relire la phase initiale du conte et s'arrêter sur la phrase : *Mais il a encore faim, alors il décide de se diriger vers l'école en pensant que deux ou trois marmots à croquer lui permettront d'attendre l'heure du déjeuner.* Souligner le mot ***mais*** qui annonce une idée contraire à ce qui vient d'être dit (à savoir que l'ogre a déjà énormément mangé). Souligner ensuite le mot ***alors*** qui signifie qu'à ce moment-là, il décide de se diriger vers l'école. Mise en commun.
- En dictée à l'adulte, ensuite, écrire le début du conte en utilisant les deux mots précités pour expliquer l'élément déclencheur de l'histoire.

SÉANCE 2 > Repérer l'organisation d'un texte narratif

- S'attacher à l'aspect visuel du texte : présence d'un titre, découpage du texte correspondant aux différentes phases du conte.
- Repérer les marques des dialogues (tirets) qui entrecoupent le récit et la formule répétitive du conte écrite en caractères gras. Remarquer sa structure accumulative.
- Relire le texte à la classe depuis le début jusqu'à *dans le ventre de l'ogre* en marquant des pauses avant chaque nouvelle rencontre. Il s'agit de relire pour remise en mémoire.
- Après avoir entouré le verbe *demander* (ligne 7), expliquer son usage dans le texte. Ensuite, après chaque pause dans la lecture du texte, faire entourer les autres verbes introducteurs de dialogues. Recenser ensuite les propositions des élèves et les recopier sur une affiche.
- Puis relire la phase initiale du conte et relever les verbes employés pour éviter de répéter le verbe *manger*.

SÉANCE 3 > Écrire les lieux où se déroulent les actions et employer des adjectifs

- Dégager la structure en randonnée du conte étudié, à effet accumulatif (puisque tous les personnages se retrouvent dans le ventre de l'ogre). Remarquer qu'il s'agit d'une structure aléatoire car l'ogre aurait pu manger ces personnages dans n'importe quel ordre. Appréhender toutefois que si l'on veut raconter ce conte, il importe de le faire fidèlement en respectant l'ordre indiqué (après l'avoir mémorisé).
- Parmi les propositions suivantes écrites au tableau, rechercher la raison pour laquelle le lapin, la tortue, la poulette, les trois petits cochons et Barnabé demandent à l'ogre de les laisser passer. Demander aux élèves de recopier celle qui leur semble convenir pour tous ces personnages : *Ils ont peur de l'ogre. – Ils sont pressés. – Ils s'amusent à provoquer Michu.*
- Se préparer à écrire (**fiche élève 1** **activité 2**). Retrouver l'ordre des rencontres (**fiche élève 1** **activité 3.a-b**). Indiquer les lieux où l'ogre fait ces rencontres. Validation ou infirmation des réponses (mise en commun).
- Relire la dernière phrase où Michu rencontre les deux crabes mal élevés, puis chercher à compléter chacune des cinq premières phrases avec un adjectif pour caractériser chacun des personnages.
- Relire le texte à la classe et marquer une pause après chaque rencontre.
- Relever les mots (adjectifs) utilisés pour donner des renseignements sur les personnages. Repérer leur place dans le groupe nominal : *un lapin blanc, une petite tortue timide, une poulette dodue, trois petits cochons heureux, un garçon gentil, deux crabes impolis.*
  Pour ce faire, relire le texte au préalable en marquant des pauses après chaque rencontre pour retrouver l'adjectif qualifiant le ou les personnages rencontrés par l'ogre.

SÉANCE 4 > Raconter avant d'écrire un texte narratif

- Relire d'abord le conte depuis *dans le jardin de sa maison* jusqu'à *Disparus les deux crabes dans le ventre de l'ogre* (péripéties 1 et péripéties 2). Repérer la rupture qui s'opère entre la phase de dévoration et la sortie des personnages du ventre de l'ogre.
- Faire disposer au tableau les étiquettes des personnages les unes au-dessous des autres dans l'ordre chronologique de leur entrée en scène (péripéties 1). Ensuite, faire relire silencieusement le texte depuis *Une fois dans la grosse panse de Michu* jusqu'à *je crois* (péripéties 2).
- Pour indiquer l'ordre de sortie des personnages, disposer le second jeu des étiquettes personnages en regard de celles précédemment disposées en colonne pour indiquer l'ordre des rencontres. Constater que la sortie des personnages s'opère dans l'ordre inverse de leur entrée dans le ventre de l'ogre.
- Faire raconter ensuite le conte en répartissant la tâche entre plusieurs élèves. Pour ce faire, s'appuyer sur la structure du conte. Un élève par phase de l'histoire (phase initiale, 7 péripéties et phase finale).
- Demander aux élèves de ne pas faire dialoguer les personnages et de se contenter de narrer les faits. Acquérir ainsi des compétences narratives réinvestissables ensuite dans l'écriture du conte créé par la classe.

SÉANCE 5 > Comprendre le sens des verbes introducteurs de dialogues

- Relire le texte à la classe depuis *dans le jardin de la maison* jusqu'à *Une fois dans…*. Marquer des pauses après chaque rencontre et faire souligner aux élèves, dans le texte, les paroles des personnages.
- Amener les élèves à prendre en compte les indications données par certains verbes introducteurs de dialogues : *crier, ordonner, chuchoter, gronder, hurler* et à s'entrainer à dire ces dialogues en modulant leur voix. Puis faire relire l'ensemble des dialogues.

SÉANCE 6 > Écrire au passé composé une autre version d'un conte

- Transposer un texte écrit au présent en un texte écrit au passé composé (**fiche élève 1 Activité 4**). Lire le texte au présent. Donner l'infinitif des verbes soulignés.
- Faire transposer oralement ce texte au passé composé. Écrire ces verbes au tableau dans le désordre. Constater que ces verbes s'écrivent avec deux mots (auxiliaire ***avoir*** et participe passé du verbe).
- Imaginer les rencontres d'une ogresse avec d'autres personnages et en d'autres lieux que ceux du conte (**fiche élève 1 Activité 5**). Écrire les phrases au passé composé en puisant dans la liste des mots relevant du champ lexical du verbe *manger*.

Outils à conserver et afficher dans la classe

Tableau mettant en valeur la structure du conte

Conte 1 – *L'ogre Michu*	
Début du conte	
Quand ?	Un matin.
Qui ?	L'ogre Michu.
Où ?	Dans la maison de l'ogre.
Quoi ?	L'ogre a bien déjeuné, mais il a encore faim. Il décide de se diriger vers l'école pour croquer un marmot.
Péripéties 1	**Rencontres et dévoration**
Qui ? Où ?	1) Le lapin dans le jardin. 2) La tortue dans la rue. 3) La poulette dans la courette. 4) Les trois petits cochons sur le pont. 5) Le garçon près de l'école. 6) Les deux crabes (lieu imaginé par les élèves).
Quoi ?	L'ogre dévore tous ces personnages.
Péripéties 2	**Tous les personnages sont dans le ventre de l'ogre**
Qui ?	Les deux crabes font un trou dans son ventre.
Quoi ?	Les personnages sortent dans l'ordre inverse de leur entrée. La poulette prend le temps de recoudre le ventre l'ogre.
Fin du conte	L'ogre disparait et ne reviendra plus.

Vocabulaire

Des verbes pour remplacer le verbe *manger* :
engloutir, avaler, croquer, grignoter, dévorer.

Des verbes introducteurs de dialogues :
demander, répondre, murmurer, dire, crier, déclarer, ordonner, répliquer, chuchoter, gronder, hurler.

Des mots qualifiant les personnages :
un lapin blanc, une petite tortue timide, une poulette dodue, trois petits cochons heureux, un garçon gentil, deux crabes impolis.

Marqueurs d'espace :
sur, vers, dans, près de, sous, devant, chez, derrière.

L'élément déclencheur de l'histoire

L'ogre a énormément mangé. **Mais** il a encore faim, **alors** il décide de se diriger vers l'école en pensant que deux ou trois marmots à croquer lui permettront d'attendre l'heure du déjeuner.

Séquence 2 Exploiter *Le grain de riz*

Objectifs

- Retrouver l'ordre d'apparition des personnages dans un conte à structure énumérative et accumulative.
- Réaliser des inférences pour comprendre certains passages du texte que la forme du résumé rend implicites.
- Mémoriser l'histoire et la raconter.
- Appréhender la rupture qui s'opère dans le récit lorsque le héros se rend chez le fermier.
- Se mettre à la place des personnages.
- Écrire des phrases énumératives.
- Imaginer et écrire un dialogue en respectant la ponctuation.
- Imaginer et écrire les pensées d'un personnage (CE2).

Matériel

- Résumé du conte *Le grain de riz.*
- Reproduction de la 1re de couverture du conte *Le grain de riz*.
- L'ouvrage ***Le grain de riz***, Alain Gaussel, Mini Syros.
  Numéroter l'ouvrage à partir de la page titre (p.1)
- Reproduction par l'enseignant des pages 5, 10, 11, 13 et 14.
- Fiche élève 2.

SÉANCE 1 > Écrire un court paragraphe pour présenter un conte

- Présenter la première page de couverture et décrire l'illustration. Mettre en relation le titre du conte et l'illustration. Appréhender, dire ce qui cuit dans la casserole.
- Donner à lire le résumé en lecture silencieuse (Lea.fr).

Le grain de riz

Le 31 décembre, le dernier jour de l'année, un garçon pauvre n'a rien à manger. Il trouve un grain de riz, mais il ne possède aucun ustensile de cuisine.

Le garçon va d'abord chez un voisin pour lui emprunter une casserole. Celui-ci accepte, mais il dit au garçon qu'il viendra chez lui manger le riz, ce soir-là. Le pauvre garçon n'a pas d'eau courante, il va ensuite chez une voisine pour demander de l'eau et celle-ci s'invite aussi. Puis, il va également chercher du bois chez Pierre, des allumettes chez Jacques et du papier chez Michel. Tous s'invitent, ils seront donc six ce soir au diner. Mais il n'a rien à leur offrir.

Soudain il a une idée. Il va alors trouver un fermier. Il l'invite à venir manger le riz chez lui avec le voisin, la voisine, Pierre, Jacques et Michel, mais il précise qu'il s'agit de riz sans viande et sans assaisonnement car ils sont pauvres. Le fermier accepte et donne au garçon une petite poule bien grasse. Après le jeune garçon se rend chez une vieille femme. Il l'invite et lui dit qu'il y aura seulement une poule pour huit. Elle lui donne alors une dinde. Ensuite il va encore chez un jardinier, un pâtissier et un épicier.

Le soir, au moment du repas, ils sont nombreux à table. Soudain un invité demande : *Où est le riz ?* Le garçon leur présente le fameux grain, et tout le monde éclate de rire.

- Répondre à des questions en lecture silencieuse (fiche élève 2 **Activité 1.a)**. Préciser aux élèves qu'ils doivent répondre sans passer par l'écriture de phrases. Mettre en commun les réponses et demander à des élèves de raconter oralement le début de l'histoire.
- Raconter le début de l'histoire en rédigeant un court paragraphe (fiche élève 2 **Activité 1.b)**.
- Mettre en commun : dictée à l'adulte du début de l'histoire. Conserver ce document et l'afficher.
- Expliquer en quoi le 31 décembre est une date particulière : dernier jour de l'année, moment où l'on se réunit entre amis ou en famille à l'heure du diner.

SÉANCE 2 > Écrire des phrases énumératives et un dialogue

- Relire le résumé et rechercher trois exemples montrant que le garçon est pauvre : 1) il n'a rien à manger ; 2) il n'a pas d'ustensiles pour cuire le riz ; 3) il n'a pas de bois, pas d'allumettes et pas de papier. Puis réaliser l'**activité 2** de la fiche élève 2.
- **Remarque :** le résumé n'indique pas explicitement dans quel but le garçon va chercher du bois chez Pierre, des allumettes chez Jacques et du papier chez Michel, ni pourquoi chaque personnage s'invite à dîner chez lui ce soir-là. Répondre à ces questions implique de faire des inférences. La mise en commun ensuite permettra une meilleure appréhension de l'histoire.
- Approfondir en faisant relire le résumé à partir de : *Il réfléchit et soudain il a une idée*. Demander aux élèves quelle est cette idée. Constater **une rupture** dans le déroulement du conte. Péripéties 1 : les personnages s'invitaient chez le garçon ; péripéties 2 : maintenant, c'est le garçon qui invite. Expliquer pourquoi.
- Imaginer ce que le garçon va demander au jardinier, au pâtissier et à l'épicier. Noter les propositions. Réponse en lisant le texte dans l'ouvrage (séance 3) ***Le grain de riz***.
- Pour terminer et faire bien appréhender la structure répétitive du conte, faire raconter par des élèves les péripéties 1 et 2 du conte.

SÉANCE 3 > Écrire les pensées d'un personnage

- Écrire des phrases énumératives. Fiche élève 2 **activité 3.a** : en s'aidant du résumé, compléter la phrase en énumérant les cinq premières personnes rencontrées. **Activité 3.b** : écrire une phrase énumérative pour indiquer quelles seront alors les personnes autour de la table ce soir-là. En dictée à l'adulte, ensuite, insister sur la ponctuation et l'emploi de *et*.
- Faire dialoguer les personnages. Jouer d'abord la scène entre le garçon et la voisine : le garçon demande à la voisine si elle peut lui donner de l'eau. Ensuite il lui explique pourquoi il a besoin d'eau. La voisine accepte et s'invite. Ceci permettra de formuler oralement un dialogue et de l'enrichir avant de passer à l'écrit.
- Imaginer et écrire le dialogue entre le garçon et Pierre (Fiche élève 2 **Activité 4)**. Rappeler aux élèves l'utilisation du tiret avant la prise de parole de chaque personnage, la nécessité d'aller à la ligne pour ce faire et l'emploi du point d'interrogation après avoir posé une question. Puis, réaliser l'**activité 5**.
- Valider ou invalider les réponses après chaque activité lors des mises en commun. Écrire la phrase énumérative **(activité 3.b)** pour la mémoriser. Puis en dictée à l'adulte, reformuler et écrire sur une affichette le dialogue entre le garçon et Pierre.
- Donner à relire le résumé du conte et rappeler la bonne idée qu'a eu le garçon après sa visite chez Michel et ce qu'il va faire ensuite (péripéties 2).

SÉANCE 4 > Repérer dans un texte des formules à structure accumulative

- Lire le texte ***Le grain de riz*** à la classe et recueillir les premières remarques des élèves. S'intéresser à l'aspect visuel du texte.
- Comprendre les parties en italiques du texte ***Le grain de riz*** (Mini Syros).
- Afficher la p. 5 reproduite et agrandie par l'enseignant (1re page du texte) et repérer la partie du texte en italique. Faire lire cette page par un élève. Distinguer alors la partie narrative du texte et celle où s'expriment les pensées du garçon.
- P. 10-11 agrandies et reproduites par l'enseignant, faire distinguer partie en gras (dialogue) et partie en italique (pensées). Reformuler pour mieux comprendre le point de vue du personnage : 1) le voisin pense que le garçon a besoin d'une grande casserole parce qu'il a beaucoup de riz à cuire ; 2) le voisin s'invite parce qu'il n'a pas envie de se faire à manger.
- P. 13-14. Un texte par élève. Distinguer : les pensées du garçon (en italique), les parties narratives (une phrase pour chacune d'elles), le dialogue (écrit en gras). Remarquer qu'il n'y pas de partie en italique pour exprimer les pensées de la voisine, mais que celle-ci s'invite parce qu'elle s'est donnée du mal pour aller chercher de l'eau à la fontaine (expliquer l'absence d'eau courante dans les maisons autrefois).
- Faire souligner dans chacun des deux dialogues la phrase qui conclut l'entretien.
  1) Dialogue entre le garçon et le voisin :
  — **D'accord quand il y en pour un, il y en a pour deux.**
  2) Dialogue entre le garçon et la voisine :
  — **Quand il y en a pour deux, il y en a pour trois.**
- Sur le modèle précité, inviter les élèves à compléter la dernière phrase qu'a pu prononcer le garçon quand Pierre s'invite pour le soir.
  « D'accord, quand il y en a pour..............................., ... »
  Avec les élèves de CE2, imaginer ce qu'a pu penser Pierre quand le garçon lui demande du bois.

Outils à conserver et afficher dans la classe

Tableau mettant en valeur la structure du conte

Conte 2 – ***Le grain de riz***	
Début du conte	
Quand ?	Le 31 décembre.
Qui ?	Un garçon pauvre.
Où ?	Dans sa maison.
Quoi ?	Le garçon trouve un grain de riz mais il n'a rien pour le faire cuire. Il s'en va
Péripéties 1	
Où ? Quoi ?	1) Chez son voisin chercher une casserole. 2) Chez sa voisine chercher de l'eau. 3) Chez Pierre chercher du bois. 4) Chez Jacques chercher des allumettes. 5) Chez Michel chercher du papier. Tous acceptent et s'invitent à dîner, **mais** comment partager un grain de riz en six ?
Péripéties 2	Le garçon a une idée, il se rend chez d'autres personnes qu'il invite.
Qui ? Quoi ?	- Le fermier lui donne une poulette. - La vieille femme lui donne une dinde. Il va encore : - chez le jardinier pour avoir des légumes ; - chez le pâtissier pour avoir des gâteaux ; - chez l'épicier pour l'assaisonnement.
Fin du conte	
Quand ?	Le soir.
Où ? Qui ?	Ils sont nombreux chez le garçon autour de la table.
Quoi ?	Quelqu'un demande : « Où est le riz ? ». Éclat de rire général.

Document à conserver au fil des activités de la séquence

- La phase initiale en dictée à l'adulte **activité 1.b** sur **fiche élève 2**.
- La phrase énumérant les personnages autour de la table, le soir, après la visite chez Michel.
- Le dialogue entre le garçon et Pierre, **activité 4** **fiche élève 2**.

Pour les classes qui possèdent l'ouvrage ***Le grain de riz*** :

- Les formules récapitulatives et accumulatives relevées dans l'ouvrage.
- Les pensées du voisin en italique p.10.

Séquence 3 Exploiter *La terrible mangudze*

Objectifs

- Comprendre l'histoire, en dégager la structure.
- Raconter en y insérant des dialogues.
- Apprendre à utiliser des indicateurs d'espace et de temps pour structurer un récit.
- Copier avec soin un dialogue, sans erreurs orthographiques et en respectant la ponctuation.
- Compléter un texte en écrivant les verbes au futur.

Matériel

- Résumé du conte (un par élève).
- Extraits tirés de l'ouvrage ***La terrible mangudze*** dans *Les histoires des musiciens de la ville de Brême dans le monde*, Fabienne Morel et Gilles Bizouerne, illustrations Rémi Sailllard, éditions Syros. (à prévoir pour chaque élève)
- Si possible le texte de *La terrible mangudze*. Voir l'ouvrage précité.
- Fiche élève 3.

Présentation du conte

La terrible mangudze est une des quatre versions proposées dans l'ouvrage *Les histoires des musiciens de la ville de Brême dans le monde*, aux éditions Syros. Elle permet ainsi de découvrir une variation du thème des animaux en voyage dans un récit de tradition orale (version de Chine). Très belles illustrations à la peinture de Rémi Saillard.

La mangudze, personnage monstrueux, est l'ennemie de la petite mamie (héroïne du conte).

La terrible mangudze

Il était une fois une petite mamie. Elle vivait seule avec une vache. Elle avait très peur d'une terrible mangudze. Cette méchante bonne femme avait toujours faim. Un soir, celle-ci est entrée dans la maison de la petite grand-mère. Elle a dévoré la vache et elle a dit à la mamie : Je reviendrai demain.

Le lendemain matin, la mamie a quitté sa maison en pleurant. En chemin, elle a d'abord rencontré Frère Œuf. Il lui a demandé pourquoi elle pleurait et elle lui a expliqué. Celui-ci lui a promis de l'aider si elle lui faisait des crêpes. Après elle a rencontré Frère Grenouille près d'une mare. Il lui a aussi proposé de l'aider si elle lui préparait des crêpes. Ensuite elle a rencontré Frère Bouse de vache devant un pont. Puis elle rencontré Frère Caillou et frère Chiffon. Enfin elle a encore croisé Frère Ciseaux et Frère Poinçon. Tous lui ont promis la même chose si elle leur préparait des crêpes.

Le soir même, tous les Frères sont venus pour aider la mamie. Ils se sont installés pour attendre la terrible mangudze : Frère Caillou au-dessus de la porte, Frère Grenouille dans un seau d'eau, Frère Bouse de vache en dessous de la porte, Frère Chiffon près du four, Frère Œuf à côté de la cheminée, Frère Ciseaux aux pieds de la mamie et Frère Poinçon sur l'oreiller.

Dans la nuit, la porte s'est ouverte et la magudze est entrée. Elle venait manger la petite mamie. Mais les Frères l'ont attaquée.

Après, la petite grand-mère a enterré la mangudze. Elle a alors préparé les crêpes et les Frères sont devenus ses amis.

SÉANCE 1 > Rechercher différentes manières de désigner un personnage

- Lire silencieusement le résumé. Laisser réagir les élèves spontanément. Peut-être s'étonneront-ils de ces personnages objets.
- Faire les activités après la lecture silencieuse et la mise en commun.
- Focaliser l'attention des élèves sur la nécessité de rechercher différentes manières de désigner des personnages dans un texte et sur l'emploi du pronom *elle* (**fiche élève 3 activité 1**).

SÉANCE 2 > Utiliser des indicateurs de temps pour écrire une histoire

- Apprendre aux élèves comment utiliser des indicateurs de temps pour raconter une histoire (**fiche élève 3 activité 2**). Faire constater que les mots *ensuite*, *puis* et *après* peuvent être utilisés de façon indifférenciée.
- Consolider les acquis des deux séquences précédentes en utilisant des indicateurs d'espace et en en découvrant de nouveaux pour aider à mieux se représenter le déroulement du conte étape par étape (**fiche élève 3 activité 3**). Cette activité prépare également à la réalisation du tableau à venir après mise en commun des réponses aux trois premières activités de la fiche élève.

SÉANCE 3 > Compléter un texte avec des verbes écrits au futur

- Lecture silencieuse des extraits de l'ouvrage (ci-après) pour réaliser les activités (**fiche élève 3 activités 4** et **5**).
- Il s'agit de copier le même dialogue, mais, cette fois, entre la mamie et un autre personnage du conte en changeant le nom du personnage.

Dialogue entre la petite mamie et Frère Œuf (Extrait 1)

— Eh ! Pourquoi tu pleures, petite mamie ?

— Je pleure, ..., parce que la terrible mangudze a mangé ma vache, ma vache que j'aimais tant. Et ce soir, quand la nuit tombera, c'est moi qu'elle mangera !

— T'inquiète pas, petite mamie. Je vais t'aider. En échange, tu me feras des crêpes.

- Lecture de l'extrait suivant et réalisation de la **fiche élève 3 activité 5**.

Péripéties 3 du conte (Extrait 2)

D'un coup, elle s'est approchée de la tête de la petite mamie et a ouvert sa grande bouche. Mais, pic ! Frère Poinçon l'a piquée.

— Aïe ! Ma langue !

Elle s'est tournée, a tendu la main vers les pieds de la petite mamie. Mais, clac ! Frère Ciseaux lui a coupé un doigt.

— Ouille, ouille ! Mon doigt !

Mais, flaf ! Frère Œuf lui a soufflé des cendres dans les yeux.

— Mes yeux ! J'y vois plus rien !

À tâtons, elle est allée jusqu'au four et pour s'essuyer, elle a pris Frère Chiffon. Mais, vloup ! il s'est fourré en boule dans sa bouche.

— Au sec...ours ! J'é...touffe.

Elle a recraché Frère Chiffon et s'est penchée au-dessus du seau pour boire. Mais hop ! Frère Grenouille a bondi dans un de ses trous de nez.
— Pouah ! Qu'est-ce que c'est que ça ?
Elle a tiré Frère Grenouille par une patte et elle l'a jeté sur le sol. Puis elle a couru vers la porte pour s'enfuir. Mais zzzzip ! Elle a glissé sur Frère Bouse de vache et s'est écroulée par terre.
— Beurk ! C'est dégoutant !
C'est à ce moment-là que... Bang ! Frère Caillou s'est laissé tomber sur sa tête. Il l'a tapée, tapée et retapée. Ratatinée, la terrible mangudze ! On aurait dit un gros tas de boue.

SÉANCE 4 > Se préparer à écrire un conte à structure répétitive

- Pour dégager la trame narrative de ce conte, compléter le tableau suivant en répondant oralement aux questions posées et reformulées par l'enseignant (travail collectif).
 Ensuite, l'enseignant prend en note dans le tableau les réponses dictées par les élèves. Réponses qui pour la plupart seront étayées par les activités préalablement réalisées sur la fiche élève.

Conte 3 – *La terrible mangudze*	
Début du conte	
Quand ?	Un soir.
Qui ?	La petite mamie et la mangudze.
Où ?	Dans la maison de la mamie.
Quoi ?	La mangudze mange la vache de la petite mamie et dit à celle-ci qu'elle reviendra demain pour la manger.
Péripéties 1	
Quand ?	Le lendemain matin.
Quoi ?	La mamie quitte sa maison et elle rencontre :
Qui ?	1) Frère Œuf. 2) Frère Grenouille. 3) Frère Bouse de vache. 4) Frère Caillou. 5) Frère Chiffon. 6) Frère Ciseaux. 7) Frère Poinçon.
Péripéties 2	
Quand ?	Le soir.
Qui ?	Tous les Frères viennent aider la mamie et ils vont s'installer pour attendre la mangudze :
Où ?	Frère Caillou au-dessus de la porte. Frère Bouse de vache en dessous de la porte. Frère Grenouille dans un seau. Frère Chiffon près du four. Frère Œuf à côté de la cheminée. Frère Ciseaux aux pieds de la mamie. Frère Poinçon sur l'oreiller.

Péripéties 3	
Qui ? Quoi ?	Frère Poinçon piquera la mangudze. Frère Ciseaux la coupera. Frère Œuf lui soufflera des cendres dans la bouche. Frère Chiffon se fourrera dans sa bouche. Frère Grenouille bondira dans un de ses trous de nez. La magudze le jettera au sol. La magudze glissera sur Frère Bouse de vache Frère Caillou la tapera et la retapera.
Fin du conte	La mamie enterre la mangudze et elle prépare des crêpes.

- Pour finir, faire raconter l'histoire en répartissant la tâche de narrer entre plusieurs narrateurs et en désignant des élèves pour dire les dialogues à caractère répétitif entre la mamie et les Frères.

Outils à conserver et afficher dans la classe

Utiliser le tableau élaboré avec les élèves (séance 3).

Liste de marqueurs de temps

Relever les marqueurs de temps employés dans le résumé de *La terrible mangudze*.
Puis relire le résumé du conte *Le grain de riz* et le conte *L'ogre Michu* et compléter la liste.

Marqueurs de temps employés dans les textes étudiés
• un soir – le lendemain matin – d'abord – ensuite – puis – après – enfin – le soir même – dans la nuit ; • le 31 décembre – le soir ; • ce matin-là – déjà – maintenant.

Liste de marqueurs d'espace

Relever les marqueurs d'espace rencontrés dans le résumé de *La terrible mangudze*.
Compléter la liste avec ceux précédemment appréhendés dans le texte de *L'ogre Michu* (séquence 1) en ajoutant le mot ***chez*** emprunté au résumé du conte *Le grain de riz*.

Marqueurs d'espace employés dans les textes étudiés
• au-dessus – en dessous – près de – à côté de – aux pieds de – sur ; • vers – dans – sous – devant – derrière ; • chez.

Liste des onomatopées

Dans l'extrait du texte de *La terrible mangudze* proposé séance 2, relever les nombreuses onomatopées et ajouter celles répétitives de *L'ogre Michu*.
Rechercher leur fonction (scander le récit).

Onomatopées
La terrible mangudze Pic – Aïe – Clac – Ouille – Pfaf – Vloup – hop – zzzzip – beurk – bang ***L'ogre Michu*** Hip ! Hap ! Hop !

Dialogue entre Frère Œuf et la petite mamie

— Eh ! Pourquoi tu pleures, petite mamie ?
— Je pleure, Frère Œuf, parce que la terrible mangudze a mangé ma vache, ma vache que j'aimais tant. Et ce soir, quand la nuit tombera, c'est moi qu'elle mangera !
— T'inquiète pas, petite mamie. Je vais t'aider. En échange, tu me feras des crêpes.

Séquence 4 Créer et écrire le conte

Objectifs

- Participer activement à la recherche d'idées pour élaborer le canevas narratif du conte à écrire.
- Mettre en mots chaque étape de la trame narrative en une suite d'énoncés syntaxiquement structurés et orthographiquement acceptables.

Matériel

- Les trois tableaux ayant permis de garder en mémoire la structure de chacun des contes étudiés.
- Tableau avec questions servant à l'élaboration de la trame narrative.
- Affichettes vierges destinées à la prise en notes des étapes du conte à écrire.
- Les outils de référence constitués au cours des 3 séquences précédentes.

Déroulement

- Collectif pour l'élaboration de la trame narrative et ensuite lors de la révision des textes.
- En petits groupes pour la rédaction des différentes phases du conte créé par la classe.

SÉANCE 1 > Élaborer la trame narrative du conte à écrire

Pour élaborer la trame narrative, un parcours de questions sous forme de tableau est proposé aux élèves. Il reprend la trame narrative de ***La terrible mangudze***.

- Repérer les différentes étapes du conte (colonne 1) et faire le lien avec les contes précédemment étudiés (travail collectif).

Début du conte	**Quand** commence l'histoire ? **Qui** est le héros (l'héroïne) ? **Où** se trouve-t-il (elle) quand l'histoire commence ?
Événement perturbateur	**Quel** est l'événement qui va amener ce personnage à se déplacer et à faire des rencontres ?
Péripéties 1 **(répétitives et accumulatives)**	**Rencontres successives :** **Qui** va-t-il rencontrer ? (énumération) **Que** va-t-il se passer ?
Péripéties 2	**Enchainer :** **À quel** moment ces péripéties se déroulent-elles ? **Où** ? **Quels** personnages ? **Quelles** actions ?
Péripéties 3	**Enchainer :** Mêmes questions que pour péripéties 2 **Pour quel** résultat ?
Fin du conte	**Comment** le conte se termine-t-il ?

- Au CE1, collectivement, lire les questions et chercher à répondre. Après confrontation des idées, prendre en note les réponses. Elles constitueront la référence nécessaire à l'écriture du conte.

  Au CE2, l'élaboration de la trame narrative peut s'effectuer par groupes.

- Mettre en commun alors les propositions et prendre en note les décisions pour dégager une structure commune à tous.
- Revoir le plan ainsi élaboré sur les affichettes remises dans l'ordre chronologique. Expliquer aux élèves qu'après cette recherche d'idées et leur organisation, ils vont maintenant devoir rédiger l'histoire. Rédaction en petits groupes, phase par phase. Revoir les productions des groupes lors des mises en commun et procéder ensuite à des dictées à l'adulte pour finaliser les textes (phase de révision).

SÉANCE 2 > Se préparer à rédiger

- Relire les affiches outils constituées à la faveur des activités sur fiches ou des exploitations collectives du conte. Inviter les élèves à raconter l'histoire au passé composé. En CE2 : indiquer à la classe qu'éventuellement les pensées des personnages pourront être mentionnées.
- Dégager quelques règles d'écriture :
  - Les phrases devront être ponctuées et commencer par une majuscule.
  - Des dialogues seront insérés dans la phase des rencontres (péripéties 1) et des verbes introducteurs de dialogues pourront être employés. La présence des tirets est rappelée. Temps des verbes : passé composé, présent, futur (selon les dialogues).
  - Des mots marqueurs de temps et marqueurs d'espace seront employés.
  - Des personnages seront différemment nommés dans le texte.
  - Présence de formules répétitives et accumulatives comme dans ***L'ogre Michu*** et dans ***Le grain de riz***. Présence éventuelles d'onomatopées.

SÉANCE 3 > Rédiger

- Constituer des groupes de trois élèves. Tandis qu'un élève dicte le texte, un deuxième élève l'écrit, le troisième élève doit être attentif à l'orthographe (recours possible au dictionnaire). Au cours de chaque phase d'écriture, une rotation des élèves permet à chacun tour à tour de dicter, d'écrire et d'assurer au mieux la vigilance orthographique.
- Répartir la tâche d'écriture entre plusieurs groupes : une phase par groupe (plusieurs groupes pouvant travailler à la rédaction d'une même phase de l'histoire.
- À partir des péripéties 1, à chaque reprise de l'activité, relire ce qui été écrit auparavant.
- Durant les activités d'écriture, passer dans les groupes pour réguler, stimuler, rappeler les consignes d'écriture si nécessaire et veiller à la rotation des élèves dans les trois tâches consistant à dicter le texte, à l'écrire et à veiller à sa transcription.

SÉANCE 4 > Réviser et éditer

- Procéder phase par phase : phase initiale, péripéties 1, péripéties 2, péripéties 3, phase finale.
- Pour chaque phase, mettre en commun les productions des groupes (relecture par l'enseignant). Puis reformulation en dictée à l'adulte (préciser, enrichir) pour finalisation du texte. Ce moment est très important par les interactions qu'il permet entre les élèves et l'enseignant.
- Au CE2, les élèves ont encore besoin de ces phases collectives pour apprendre. Veiller à l'enchainement des phrases et respecter la cohérence des temps.
- Pendant ces dictées à l'adulte, relire régulièrement ce qui vient d'être écrit.
- Structurer le texte en paragraphes et quand le conte est écrit dans son intégralité, le relire et veiller aux enchainements temporels (emploi de marqueurs de temps pour structurer le récit).
- Recopier les textes pour les communiquer.
  C'est l'activité finale qui consiste à recopier les textes en vue de communiquer le conte aux destinataires désignés au moment de l'entrée dans le projet.
  Là encore, il s'agit de répartir la tâche entre les élèves pour une copie soignée et sans erreur orthographique. Chaque texte copié peut l'être par groupe de trois, les élèves se relayant au clavier lorsqu'ils n'écrivent pas.

Fiche élève 1

NOM : ....

Prénom : ....

1. Raconte le début du conte et explique pourquoi l'ogre décide de se diriger vers l'école.

....

....

....

2. Numérote les noms des personnages dans l'ordre des rencontres.

☐ la poulette
☐ les crabes
☐ le lapin
☐ un enfant
☐ la tortue
☐ les trois petits cochons

3. Complète les phrases suivantes dans l'ordre de l'histoire.

a. Indique où les cinq premières rencontres ont eu lieu, et écris le nom du personnage ou des personnages rencontrés dans chacun de ces lieux.

1) ...., il rencontre ....

2) ...., il rencontre ....

3) ...., il voit ....

4) ...., il rencontre ....

5) ...., il voit .... poli.

b. Complète la phrase suivante en imaginant où l'ogre Michu rencontre les deux crabes impolis.

6) ...., il rencontre les deux crabes impolis.

4.a. Lis le texte suivant.

La tortue <u>lance</u> un défi au lièvre. Elle lui <u>propose</u> de faire une course pour connaitre le vainqueur. Elle <u>avance</u> tranquillement et le lièvre <u>commence</u> par brouter un peu d'herbe. Soudain la petite tortue <u>rencontre</u> l'ogre Michu en chemin. Cet affamé <u>dévore</u> la tortue. Après être sortie du ventre de l'ogre, celle-ci <u>gagne</u> la course.

b. Complète le texte en écrivant au passé composé les verbes soulignés dans le texte précédent.

La tortue .... un défi au lièvre. Elle lui .... de faire une course pour connaitre le vainqueur. Elle .... tranquillement et le lièvre .... par brouter un peu d'herbe. Soudain la petite tortue .... l'ogre Michu en chemin. Cet affamé .... la tortue. Après être sortie du ventre de l'ogre, celle-ci .... la course.

NOM : ....

Prénom : ....

Fiche élève 1

5. Remplace l'ogre Michu par une ogresse. Imagine que l'ogresse a mangé successivement quatre autres animaux.

Complète les phrases en employant au passé composé les verbes suivants : *dévorer, avaler, engloutir, grignoter*. Indique les lieux de chaque action.

D'abord ....

....

Ensuite ....

....

Puis ....

....

Enfin ....

....

Fiche élève 2

NOM : ....

Prénom : ....

1.a. Relis le début de l'histoire et réponds aux questions suivantes.

1) À quelle date commence l'histoire ? ....

2) Qui en est le héros ? ....

3) Où commence-t-elle ? ....

4) Qu'arrive-t-il alors ? ....

b. Raconte le début de l'histoire.

....

....

....

2. Réponds aux questions suivantes.

a. Dans quel but le garçon va-t-il chercher du bois, des allumettes et du papier ?

....

b. Pourquoi chaque personnage s'invite-t-il à diner chez lui ce soir-là ?

....

3.a. Relis le résumé et complète la phrase suivante pour retrouver l'ordre dans lequel le garçon se rend chez les cinq premiers personnages de l'histoire.

Le garçon va chez un voisin, chez ...., chez .... et chez ....

b. Complète la phrase suivante en énumérant les personnes qui seront alors autour de la table du diner (sans oublier le garçon).

Autour de la table, il y aura ....

....

4. Écris le dialogue entre le garçon et Pierre.

— ....

...., demande le garçon.

— ....

...., répond Pierre.

5. CE2 seulement. Imagine ce qu'a pu penser Pierre avant de s'inviter quand le garçon lui a demandé du bois. Écris une phrase à la 1re personne du singulier.

....

....

....

NOM : ....

Prénom : ....

Fiche élève 3

1. Relis le paragraphe 1 du résumé et relève les mots employés pour désigner chacun des personnages sans répéter son nom.

Mots employés pour désigner la petite mamie :

....

Mots employés pour désigner la mangudze :

....

2. Relis le résumé et relève tous les mots indicateurs de temps contenus dans ce texte.

....

....

3.a. Relis le résumé et relie chaque personnage au lieu où il s'installe pour attendre la mangudze.
b. Indique par un numéro dans quel ordre les personnages sont cités dans cette partie du résumé.

Frère Bouse de vache	☐ •	•	près du four
Frère Grenouille	☐ •	•	sur l'oreiller
Frère Poinçon	☐ •	•	en dessous de la porte
Frère Œuf	☐ •	•	à côté de la cheminée
Frère Ciseaux	☐ •	•	dans un seau d'eau
Frère Chiffon	☐ •	•	au-dessus de la porte
Frère Caillou	☐ •	•	aux pieds de la petite mamie

4. Complète le dialogue entre la mamie et Frère Œuf en remplaçant Frère Œuf par Frère Caillou et en respectant la ponctuation.

— Eh ! Pourquoi tu pleures, petite mamie ?

— Je pleure, ..., parce que la terrible mangudze a mangé ma vache, ma vache que j'aimais tant. Et ce soir, quand la nuit tombera, c'est moi qu'elle mangera !

— T'inquiète pas, petite mamie. Je vais t'aider. En échange, tu me feras des crêpes.

5. Complète ce texte avec des verbes de la liste suivante en les conjuguant au futur : *piquer, couper, souffler, aller, prendre, sauter, bondir, glisser, finir, être.*

Frère Poinçon .... la mangudze. Frère Ciseaux lui .... un doigt. Frère Œufs lui .... des cendres dans les yeux. À tâtons, elle .... jusqu'au four et elle .... Frère Chiffon pour s'essuyer. Mais il .... dans sa bouche. Frère Grenouille .... dans un de ses trous de nez. Après elle .... sur Frère Bouse de vache et frère Caillou .... par la taper. Enfin elle .... ratatinée.

Projet 3

Écrire un texte documentaire à dominante historique CE2

> Il s'agit d'apprendre à écrire un texte documentaire composé de plusieurs paragraphes destinés à présenter les informations découvertes lors d'une série de séquences d'histoire.

Un enjeu : on garde en mémoire sur un affichage ou on communique dans un journal, sur un blog, des informations et des explications sur ce que l'on a appris dans des séquences d'histoire centrées sur un thème particulier : la vie quotidienne au temps des rois.

Informations théoriques

La structure d'un texte documentaire suivant les sujets présentés est variable et par conséquent difficilement identifiable par les élèves.

Il a été choisi ici de produire des textes documentaires courts à dominante historique. Chaque texte comprend un titre (se déplacer, jouer, se nourrir, aller à l'école, travailler dans les champs) et se compose de trois parties :
1) une phrase introduit le sujet en situant l'époque.
2) des informations ou des explications sont apportées en deux ou trois phrases.
3) une phrase de conclusion qui apporte une information plus générale ou élargit dans l'espace.

Ces phrases sont articulées entre elles par des indicateurs de temps et d'espace, elles contiennent des énumérations avec emploi de *et*, *ou*, *aussi*. Le connecteur logique *mais* est employé pour montrer une opposition dans les informations. Un vocabulaire spécifique désignant des objets, des activités propres au temps des rois est employé. Les textes produits sont écrits à l'imparfait.
Des documents d'époque illustrent chaque texte documentaire.

Contenus et compétences associés

- Identification progressive des caractéristiques propres à un texte documentaire.
- Mise en œuvre guidée d'une démarche de production de textes : trouver et organiser des idées, élaborer des phrases qui s'enchainent avec cohérence, écrire ces phrases.
- Mobilisation des connaissances portant sur l'écrit à produire et sur la langue.
- Révision de l'écrit produit à l'aide d'outils élaborés dans la classe.

Démarche

1) Présenter le projet aux élèves
Projet : Réaliser de courts textes avec des informations sur la vie quotidienne au temps des rois.
Préciser les destinataires suivant le support choisi : affiche, blog journal…
Rechercher avec les élèves ce qui caractérise leur vie de tous les jours aujourd'hui : aller à l'école, manger…
Préciser qu'ils vont apprendre à connaitre la vie de tous les jours il y a longtemps, au temps des rois : François1^{er} qui vivait à Chambord ou Louis XIV qui vivait à Versailles. Retenir les cinq thèmes qui seront développés dans chaque texte documentaire : se déplacer, jouer, se nourrir, aller à l'école, travailler dans les champs

2) Réaliser cinq séquences composées d'une ou plusieurs séances chacune de 40 à 50 minutes
Au cours des séances, l'oral occupera une place importante : les échanges oraux sont à considérer comme des activités préparatoires à l'écriture.
Le point de départ est l'**étude d'un texte documentaire** présentant un des aspects retenus de la vie quotidienne aujourd'hui. Il s'agit d'un véritable moment de lecture-compréhension. Les caractéristiques linguistiques du texte sont dégagées, le vocabulaire est explicité, des activités préparatoires à l'écriture sont proposées.

Des **documents de l'époque du temps des rois** sont analysés, le vocabulaire est précisé ; l'essentiel des informations dégagées est exprimé à l'oral puis à l'écrit par un jeu de questions-réponses.

3) Composer un texte à partir des phrases produites pour répondre aux questions
Elles sont articulées entre elles en se référant à l'organisation du texte de départ.
Les fiches élèves servent de support aux séquences, elles sont à réaliser par les élèves guidés pas à pas par l'enseignant. Ces fiches élèves ne sont pas des fiches d'exercices, elles ont pour objectif d'amener progressivement les élèves à s'approprier les caractéristiques du texte qu'ils auront à produire. Les consignes des activités doivent donc être paraphrasées et explicitées.
Une activité décrochée est proposée en étude de la langue. Elle est à réaliser avant l'écriture du premier texte.

Séquence 1 Se déplacer aujourd'hui et au temps des rois

Objectifs

- Découvrir et prélever des informations dans un texte documentaire.
- Mettre en évidence les caractéristiques du texte documentaire que l'on veut produire.
- Se documenter sur le sujet à traiter en puisant des informations dans des documents iconographiques et dans des textes d'époque.
- Écrire une énumération avec *ou*.
- Revoir les terminaisons de l'imparfait et employer ce temps.
- Compléter un court texte documentaire syntaxiquement structuré en répondant à des questions.

Matériel

- Texte documentaire : ***Se déplacer aujourd'hui.***
- Texte extrait d'une lettre de Mme de Sévigné du 9 mai 1680 : ***Voyage sur la Loire.***
- Reproduction de documents iconographiques d'époque :
  - ***Le Pont neuf et la pompe de la Samaritaine, vus du Quai de la Mégisserie***, Nicolas-Jean-Baptiste Raguenet, 1777 ;
  - ***Une route***, Jean-Louis Demarne (1744-1829) ;
  - ***Embarquement pour le coche d'eau sur le quai de Bercy à Paris***, détail d'une peinture de Pierre Denis Martin (1663-1742).
- Documents sur le web : ***Le coche d'eau d'Auxerre.***
  https://duquelu.files.wordpress.com/2013/04/4656dd65-ac6b-4130-8366-11e953fc23483.jpg
- Fiche élève 1.

SÉANCE 1 > Exploiter le texte

Comprendre le texte

- Lire ou faire lire le texte. Expliciter les mots difficiles en les paraphrasant : *progrès techniques, déplacements fréquents, ressources énergétiques, pollution, solutions.*

Se déplacer aujourd'hui

Aujourd'hui, les hommes se déplacent dans le monde entier.
Grâce aux progrès techniques, les hommes peuvent aller de plus en plus vite et de plus en plus loin. Ils utilisent la voiture, l'avion, le train ou le bateau. Mais ces déplacements nombreux et fréquents ont de graves inconvénients. La pollution est de plus en plus importante et les ressources énergétiques s'épuisent.
Des solutions existent comme les déplacements à vélo, en voiture électrique ou en transports en commun.

- Pour mettre en évidence ce que ce texte nous apprend, poser les questions suivantes :
  Qu'utilise-t-on aujourd'hui pour se déplacer ?
  Quels sont les inconvénients ?
- Expliquer le mot *inconvénient*. Après collecte orale des réponses, les faire reporter par écrit sur la **fiche élève 1** **activité 1**. Veiller alors à la formulation correcte des phrases, à l'emploi de la majuscule et à la ponctuation.

Analyser le texte

S'attacher à l'aspect visuel du texte (présence d'un titre, disposition en trois parties), puis à l'aspect linguistique.

- Lire le titre. Compter le nombre de parties que comporte le texte.
- Présenter les **activités 2** de la **fiche élève 1** et laisser les élèves y répondre. Mettre en commun les réponses. Revenir sur l'énumération, l'emploi de virgules et du mot *ou*.
- Approfondir le texte en opposant les effets positifs des progrès techniques aux inconvénients qu'ils engendrent afin d'interpréter le mot *mais* qui ne fait pas l'objet d'une étude lors de cette séquence, mais sera revu ultérieurement.

Se préparer à écrire

- Introduire l'**activité 3.a** de la **fiche élève 1** en expliquant aux élèves qu'ils vont devoir remettre en ordre les mots d'une phrase énumérative avec *ou* et qu'ils ne doivent pas oublier d'employer des virgules. Pour la phrase à compléter ensuite **(activité 3.b)**, ne pas donner de consigne afin de vérifier les premiers réinvestissements (virgule et emploi du mot *ou*).
  Lors de la mise en commun, écrire les phrases au tableau, attirer l'attention sur la présence de la majuscule en début de phrase, sur la ponctuation (dont le point en fin de phrase) et l'emploi du petit mot *ou*.

SÉANCE 2 > Se documenter

Il s'agit de recueillir des informations sur ***Se déplacer au temps des rois*** en observant des images d'art à caractère historique. Inviter les élèves à les formuler oralement dans des phrases syntaxiquement correctes et à les reformuler au besoin pour en enrichir le vocabulaire.

La circulation à Paris

- Projeter tableau ***Le Pont neuf et la pompe de la Samaritaine, vus du Quai de la Mégisserie*** (Lea.fr).

- Lister les différents moyens de déplacement utilisés : à pied, dans une chaise à porteur, à cheval, dans une carriole tirée par un cheval, dans un carrosse.
  Noter que l'énergie était produite par le cheval ou l'homme.

Une route

- Projeter le tableau ***Une route*** (Lea.fr).

- Observer la diligence tirée par plusieurs chevaux. Remarquer que l'on se déplaçait aussi à pied ou en carriole tirée par un cheval ou des bœufs. Observer la route pavée : la diligence roule sur le bas-côté de la route. Expliquer que sur les pavés, c'était très bruyant et inconfortable. Ajouter que les voyages en diligence étaient couteux (définir le mot). Conclure que voyager, au temps des rois, était une véritable expédition. Définir le mot *expédition*.

Le coche d'eau

- Montrer un autre moyen de se déplacer en projetant le tableau : ***Embarquement pour le coche d'eau sur le quai de Bercy à Paris*** (Lea.fr). Faire décrire le coche d'eau : un bateau plat avec une sorte de cabine. Indiquer que le bateau était tiré par des chevaux depuis la berge. Le coche d'eau que l'on voit sur le tableau était réservé aux gens aisés.

- Lire un extrait d'une lettre de Mme de Sévigné et l'expliciter en le paraphrasant.

Voyage sur la Loire

Nous sommes montés dans le bateau à six heures par le plus beau temps du monde ; j'y ai fait placer le corps de mon grand carrosse, d'une manière que le soleil n'a point entré dedans ; nous avons baissé les glaces : l'ouverture du devant fait un tableau merveilleux ; les portières et les petits côtés nous donnent tous les points de vue qu'on peut imaginer. Nous ne sommes que l'abbé et moi dans ce joli cabinet, sur de bons coussins, bien à l'air, bien à notre aise. Nous avons mangé du potage et du bouilli tout chaud : on a un petit fourneau, on mange sur une petite table dans le carrosse, comme le roi et la reine.

- Indiquer qu'il existait des coches d'eau comme celui que l'on peut voir sur le document ***Le coche d'eau à Auxerre*** qui pouvait embarquer de nombreux passagers. Préciser que le coche d'eau était un moyen de transport très lent : il fallait six jours pour aller de Paris à Auxerre (170 km).

Récapituler

- Recenser les informations importantes (elles sont soulignées) apprises au cours de la lecture de ces œuvres. Les noter au tableau. Les élèves pourront s'y reporter au cours de l'activité 4 de la fiche élève 1.
- Relever le vocabulaire : *un coche d'eau – un carrosse – une carriole – une diligence – une chaise à porteur – tiré(e) par des chevaux – des bœufs – énergie humaine – énergie animale – confortable/inconfortable – bruyant – couteux...*

SÉANCE 3 > Activité décrochée sur les formes verbales de l'imparfait

Il s'agit pour les élèves de revoir les terminaisons des verbes à l'imparfait essentiellement à la troisième personne.

- Indiquer aux élèves qu'on va revoir la conjugaison des verbes à l'imparfait, car c'est ce temps qu'ils vont utiliser pour écrire les textes documentaires.
- Proposer aux élèves de transposer à l'oral le texte suivant à l'imparfait, en commençant par *autrefois*.
  On va à la fontaine, sur la place du village, pour tirer de l'eau. Les femmes bavardent un peu puis elles retournent chez elles avec leur cruche d'eau. Les enfants traversent la place pour aller à l'école. Chaque mois, on porte les ustensiles rouillés et abimés à l'étameur installé sur la place. Il répare tout ce qui est en fer.
- Puis faire écrire les changements et revoir ainsi les terminaisons des verbes à la troisième personne de l'imparfait.
- Demander aux élèves d'écrire le texte ci-dessous à l'imparfait en commençant par *autrefois*.
  On va à l'école à pied. On bavarde tout le long du chemin. On reste à l'école toute la journée. Le maitre est sévère. Dans la cour, les garçons jouent aux billes. Les filles jouent à la ronde.

SÉANCE 4 > Écrire

- Répondre aux questions **(activité 4.a)** oralement, puis sur la **fiche élève 1** en s'aidant des informations notées au tableau. Mettre en commun.
- Compléter le texte avec les réponses aux questions **(activité 4.b)**.
- Faire réviser le texte par chacun en demandant de vérifier que les majuscules et les points ont été mis et que les terminaisons de l'imparfait à la troisième personne sont correctes.
- Mettre en commun ensuite pour finaliser le texte.
- Écrire le texte définitif sur une affiche à accrocher dans la classe en regard du texte ***Se déplacer aujourd'hui*** ou l'écrire à l'ordinateur et le mettre en page pour l'insérer dans le journal ou sur le blog de la classe.

Séquence 2 Jouer aujourd'hui et au temps des rois

Objectifs

- Prélever des informations dans un texte documentaire.
- À partir de ce texte, mettre en évidence les caractéristiques du texte documentaire que l'on veut produire.
- Se documenter sur le sujet à traiter en puisant des informations dans des documents iconographiques et dans un texte d'époque.
- Écrire une énumération avec *et*.
- S'exprimer à l'imparfait.
- Compléter un court texte documentaire syntaxiquement structuré en répondant à des questions.

Matériel

- Texte documentaire : ***Jouer aujourd'hui.***
- Reproduction de documents iconographiques d'époque :
  - ***Les jeux d'enfants***, Pierre Brueghel, 1560 ;
  - ***Le déjeuner***, François Boucher, 1739.
- Fiche élève 2.

SÉANCE 1 > Exploiter le texte

Comprendre le texte

- Lire ou faire lire le texte (Lea.fr). Expliciter les mots difficiles en les paraphrasant : *des panoplies, récupération*.
  Pour mettre en évidence ce que ce texte nous apprend, poser les questions suivantes :
  - *À quoi jouent les enfants aujourd'hui ?*
  - *En quoi les jouets sont-ils fabriqués le plus souvent ?*
  - *Pourquoi dans certains pays les enfants fabriquent-ils leurs jouets ?*

Jouer aujourd'hui

Depuis toujours, les jeux existent dans tous les pays.
À notre époque, les enfants jouent surtout à des jeux vidéos, avec des petites voitures, des Playmobil, des poupées et des Lego. Ils jouent aussi à des jeux de société, ils font du vélo et ils aiment se déguiser avec des panoplies qu'ils achètent. Les jouets sont fabriqués en plastique et parfois ils viennent d'Asie.
Dans certains pays, les enfants s'amusent avec des jouets qu'ils réalisent eux-mêmes avec du matériel de récupération.

- Expliquer que dans les pays pauvres, les enfants fabriquent leurs jouets parce qu'ils n'ont pas les moyens de les acheter. D'où la nécessité de récupérer du matériel de fortune à cet effet. Réaliser l'**activité 1** de la **fiche élève 2**. Veiller alors à la formulation correcte des réponses, à l'emploi de la majuscule et à la ponctuation. Remarquer que les mots *Playmobil* et *Lego* commencent par une majuscule et ne s'accordent pas car ce sont des noms de marques.

Analyser le texte

S'attacher à l'aspect visuel du texte (présence d'un titre, disposition en trois parties), puis à l'aspect linguistique.

- Lire le titre. Compter le nombre de parties que comporte le texte, le nombre de phrases dans chaque partie du texte.

- Réaliser l'**activité 2**. Constater que dans ce texte on trouve une phrase énumérative avec emploi de *et* pour relier des groupes nominaux et deux autres phrases énumératives avec emploi de cette coordination pour relier deux propositions.

Se préparer à écrire

- Réaliser l'**activité 3** de la **fiche élève 2** : réunir deux phrases en une seule en employant le mot *et*. Puis remettre trois phrases dans l'ordre chronologique pour ne former qu'une seule phrase en utilisant le mot *et*. Ne pas oublier les virgules.

  Lors de la mise en commun, écrire les phrases au tableau, attirer l'attention sur la présence de la majuscule en début de phrase, sur la ponctuation (dont le point en fin de phrase) et l'emploi du petit mot *et*.

SÉANCE 2 > Se documenter

Il s'agit de recueillir des informations sur ***Jouer au temps des rois*** en observant des images d'art à caractère historique. Inviter les élèves à les formuler oralement dans des phrases syntaxiquement correctes et à les reformuler au besoin pour en enrichir le vocabulaire.

Pour les jeux d'enfants

- Projeter le tableau ***Les jeux d'enfants*** de Pierre Brueghel (Lea.fr).

- Cliquer sur le document pour agrandir le premier plan et retrouver de gauche à droite les différents jeux : la poupée, les osselets, les bulles de savon, le cheval de bois, les cerceaux…
- Agrandir la partie du document avec les jeux sous les arcades : la toupie, puis en haut à droite, les jeux de boules.
- Citer d'autres jeux reconnus : saute-mouton, lancer d'adresse, les échasses, s'attraper etc., des jeux avec déguisement (mariage …).
- Retrouver des jeux auxquels on ne joue plus : le tonneau, la ruelle (devant la barrière), le tournoi (devant le jeu de saute-mouton)…
- Énumérer les objets avec lesquels les enfants jouaient. Constater qu'ils étaient en bois, en os (osselets), en chiffon (poupée). Préciser qu'ils pouvaient être en terre cuite et que c'était des jouets fabriqués dans la famille ou des objets du quotidien : tonneau, cerceau. Il s'agit là de jeux populaires.

Pour la poupée et le cheval

- Projeter le tableau ***Le déjeuner*** de François Boucher (Lea.fr).

- Observer les jouets de l'enfant : une poupée et un cheval. En observant les riches vêtements, la vaisselle en argent, le fait de boire du chocolat réservé alors aux plus riches, faire remarquer qu'il s'agit d'une famille qui a suffisamment d'argent pour vivre sans difficulté : c'est une famille aisée (contraire de pauvre). Les jouets ont été achetés pour les enfants.

Récapituler

- Recenser les informations importantes (elles sont soulignées) apprises au cours de la lecture de ces œuvres. Les noter au tableau. Les élèves pourront s'y reporter au cours de l'activité 4 de la fiche élève 2. Utiliser des verbes d'action à l'imparfait pour préciser comment les enfants utilisaient ces jeux. Écrire ces verbes au tableau : *ils grimpaient, ils faisaient rouler, ils se balançaient, ils berçaient, ils jouaient à, ils faisaient tourner, ils lançaient,...*
- Relever le vocabulaire : *poupées – osselets – bulles de savon – chevaux de bois – cerceaux – toupies – jeux de boules – saute-mouton – lancer d'adresse – échasses – jeux avec déguisement – tonneau – ruelle – tournoi*.

SÉANCE 3 > Écrire

- Réaliser l'**activité 4.a** de la **fiche élève 2**. Pour répondre à la question 1, préciser aux élèves qu'ils doivent choisir trois jouets observés dans le tableau de Pierre Brueghel, puis écrire cette énumération avec *ou*. Pour répondre à la question 2, les inviter à utiliser une énumération comportant 2 ou 3 propositions et le mot de liaison et. Ils peuvent utiliser les informations notées précédemment au tableau.
- Réaliser l'**activité 4.b**.
- Faire réviser le texte par chacun en demandant de vérifier que les majuscules et les points ont été mis et que les terminaisons de l'imparfait à la troisième personne sont correctes.
- Mettre en commun ensuite pour finaliser le texte.
- Écrire le texte définitif sur une affiche à accrocher dans la classe en regard du texte ***Jouer aujourd'hui*** ou l'écrire à l'ordinateur et le mettre en page pour l'insérer dans le journal ou sur le blog de la classe.

Séquence 3 À l'école aujourd'hui et au temps des rois

Objectifs

- Prélever des informations dans un texte documentaire.
- À partir de ce texte, mettre en évidence les caractéristiques du texte documentaire que l'on veut produire comportant des phrases commençant par des groupes de mots indiquant le temps ou le lieu.
- Se documenter sur le sujet à traiter en puisant des informations dans des documents iconographiques et dans un texte d'époque.
- S'exprimer à l'imparfait.
- Compléter un court texte documentaire syntaxiquement structuré en répondant à des questions et en réinvestissant les acquis portant sur l'énumération.

Matériel

- Texte documentaire : ***Aller à l'école aujourd'hui.***
- Reproduction de documents iconographiques d'époque :
  - ***Le maitre d'école***, Abraham Bosse, vers 1638 ;
  - ***Le maitre d'école***, Adriaen van Ostade (1610-1685).
- Fiche élève 3.

SÉANCE 1 > Exploiter le texte

Comprendre le texte

- Lire ou faire lire le texte (Lea.fr).

> **Aller à l'école aujourd'hui**
>
> À l'époque actuelle, dans notre pays, tous les enfants vont à l'école.
> À partir de six ans, l'école est obligatoire partout en France. Quand ils sont à l'école élémentaire, les enfants apprennent la lecture, l'écriture, le calcul, la géographie, l'histoire, les sciences et beaucoup d'autres choses. De nos jours, dans notre pays, l'année scolaire dure de septembre à début juillet. L'école est le plus souvent installée dans des locaux qui appartiennent à la commune.
> Il y a des pays où les enfants ne vont pas à l'école, ils travaillent avec leurs parents.

- Poser quelques questions de compréhension pour mettre en évidence ce que le texte nous apprend :
  - *Aujourd'hui, à quel âge l'école est-elle obligatoire ?*
  - *De nos jours, qu'apprennent les enfants en classe ?*
  - *Où l'école est-elle le plus souvent installée ?*
  - *Pourquoi les enfants sont-ils obligés, dans certains pays, de travailler avec leurs parents au lieu d'aller à l'école ?*
- Réaliser l'**activité 1** de la **fiche élève 3**. Veiller à la formulation correcte des réponses, à l'emploi de la majuscule et à la ponctuation. Les réponses doivent comporter des indicateurs de temps et d'espace.
  Expliquer que dans les pays pauvres, les enfants doivent gagner leur vie pour contribuer à l'entretien de la famille.

Analyser le texte

- Lire le titre. Compter le nombre de parties que comporte le texte, le nombre de phrases dans chaque partie du texte.

- Travailler ensuite sur la phrase d'introduction du texte qui situe les informations qui vont être données par rapport à l'époque et au lieu. Prendre conscience que, dans une phrase, les indicateurs de temps et d'espace peuvent être déplacés.
- Réaliser l'**activité 2** de la **fiche élève 3**. Après la mise en commun, relire les réponses données dans l'**activité 1** et y souligner de deux couleurs différentes les indicateurs de temps et les indicateurs d'espace dans ces phrases (en reprenant pour les distinguer les mêmes couleurs que celles utilisées dans l'**activité 2**).
- Lister sur une affiche tous les indicateurs de temps et d'espace rencontrés au cours de cette séance.
- Relire ensuite les deux textes précédents ayant servi à l'analyse lors des séquences 1 et 2 ainsi que les deux textes produits en activité 4 des fiches élèves 1 et 2 et compléter la liste des indicateurs de temps et d'espace. Rechercher d'autres marqueurs de temps non encore employés et les écrire. Exemples : *jadis, autrefois,...*
- Garder cette liste sur une affiche.

Se préparer à écrire

- Compléter des phrases avec des indicateurs de temps et d'espace puis récrire ces phrases en les changeant de place **(activité 3)**. Dire les phrases avant de les écrire.
  Lors de la mise en commun, écrire les phrases au tableau, attirer l'attention sur la présence de la majuscule en début de phrase, sur la ponctuation (dont le point en fin de phrase) et l'emploi et la place des indicateurs de temps et de lieu.

SÉANCE 2 > Activité décrochée de grammaire sur la phrase

Il s'agit pour les élèves d'approcher la phrase comme une unité composée de deux groupes fondamentaux (de qui on parle et ce qu'on en dit) auxquels viennent s'ajouter des groupes complémentaires supprimables et déplaçables apportant des informations de lieu et de temps.

- Dans cette phrase écrite au tableau, faire trouver de qui on parle et ce qu'on en dit.
  Entourer ces deux groupes avec les couleurs habituelles utilisées dans la classe.
  Un écureuil grignote une noisette.
  [*Un écureuil*] [*grignote une noisette*].

  Chercher ensemble les informations qui pourraient être ajoutées pour indiquer où l'écureuil grignote la noisette : *dans le bois, dans la forêt, dans un arbre, sur une branche, sous un arbre...*
  Énoncer les phrases en mettant cette information supplémentaire en début de phrase ou en fin de phrase. Puis faire écrire les phrases suivantes en attirant l'attention sur la ponctuation et entourer les groupes :

  [*Dans un arbre*], [*un écureuil*] [*grignote une noisette*].
  [*Un écureuil*] [*grignote une noisette*], [*dans un arbre*].

  Ajouter une information supplémentaire indiquant quand l'écureuil grignote la noisette.

  [*Un écureuil*] [*grignote une noisette*]

  [*En automne*], [*un écureuil*] [*grignote une noisette*].
  [*Un écureuil*] [*grignote une noisette*], [*en automne*].

  Puis récrire la phrase de base en ajoutant l'information de lieu et de temps. Énoncer les différentes possibilités et en écrire quelques unes.

  [*En automne*], [*dans un arbre*] [*un écureuil*] [*grignote une noisette*].
  [*Dans un arbre*], [*en automne*] [*un écureuil*] [*grignote une noisette*].
  [*En automne*], [*un écureuil*] [*grignote une noisette*] [*dans un arbre*].

- En exercice, réaliser le même travail à partir de la phrase ci-dessous :
  Le chien attrape la balle.
  Faire ajouter une information supplémentaire de lieu puis de temps. Faire écrire les différentes phrases obtenues.

SÉANCE 3 > Se documenter

Il s'agit de recueillir des informations sur ***Aller à l'école au temps des rois*** en observant des images d'art à caractère historique. Inviter les élèves à les formuler oralement dans des phrases syntaxiquement correctes et à les reformuler au besoin pour en enrichir le vocabulaire.

- Commencer par préciser qu'à cette période, l'école n'était pas obligatoire. Expliquer que beaucoup d'enfants, et surtout des filles, n'allaient pas à l'école parce qu'il fallait payer le maitre.

L'école en ville

- Projeter la gravure ***Le maitre d'école*** d'Abraham Bosse (Lea.fr).

Préciser qu'il s'agit d'une école urbaine. Ajouter qu'en ville, les enfants des classes aisées allaient dans des écoles religieuses.

- Observer le maitre (âgé et qui parait sévère) installé à son pupitre. Décrire comment sont vêtus les enfants. Remarquer ceux qui passent, un par un, devant le maitre pour lui réciter leur leçon. Noter que la classe compte des enfants de tous âges. Les garçons sont debout devant une planche posée sur des tréteaux qui leur sert de table. Constater qu'ils écrivent avec une plume d'oie taillée et trempée dans l'encre. Souligner que le maitre tient un fouet à la main (dont l'emploi est fréquent à cette époque). À droite, observer que les petites filles, qui jouent, semblent négligées par le maitre. Préciser que les élèves apprenaient la lecture, la grammaire, le latin et le chant.

L'école à la campagne

- Projeter la peinture ***Le maitre d'école***, d'Adriaen van Ostade (Lea.fr).

- Indiquer que la scène se passe à la campagne. Préciser que, dans les villages, l'école était ouverte de la Toussaint à Pâques et que le reste du temps, les enfants travaillaient dans les champs. Décrire le maitre âgé et qui ne s'occupe que d'un seul élève. Noter que l'un des élèves près du pupitre, semble inquiet. Il n'y avait pas de moment de classe collectif, les élèves venaient chacun leur tour après du maitre pour lire, calculer etc. Au fond de la classe, repérer les grands qui écrivent, qui lisent ou discutent. Au centre, observer une fillette se trainant par terre et en haut de l'escalier un élève puni. Noter la pauvreté du lieu, le faible éclairage et le local non adapté à une classe. Expliquer qu'à cette période, le maitre faisait classe dans une pièce de son logement. Énumérer les éléments présents dans la classe : *planchettes, plumes au mur, pupitre avec encrier, feuilles, autres plumes, modèle au mur.*

Récapituler

- Recenser les informations importantes (elles sont soulignées) apprises au cours de la lecture de ces œuvres. Les noter au tableau. Les élèves pourront s'y reporter au cours de l'activité 4 de la fiche élève.
- Relever le vocabulaire : *pupitre – tréteaux – latin – plume d'oie – encrier – fouet – planchettes – modèle*.

SÉANCE 4 > Rédiger

- Répondre aux questions de l'**activité 4** de la **fiche élève 3** en se reportant aux informations notées au tableau. Mettre en commun avant de compléter le texte.
- Écrire le texte. Préciser à la classe que pour compléter la phrase de présentation, les élèves doivent se reporter au titre ou à la liste des indicateurs de temps établie précédemment. Demander aux élèves d'écrire une énumération avec *et*.
- Faire réviser le texte par chacun en demandant de vérifier que les majuscules et les points ont été mis, que les terminaisons de l'imparfait à la troisième personne sont correctes, qu'une énumération avec *et* a été écrite, que l'indicateur de temps de la première phrase est correct.
- Relever les indicateurs de temps et d'espace utilisés dans ce texte et les ajouter sur l'affiche élaborée au cours de la séquence.
- Mettre en commun ensuite pour finaliser le texte.
- Écrire le texte définitif sur une affiche à accrocher dans la classe en regard du texte ***Aller à l'école aujourd'hui*** ou l'écrire à l'ordinateur et le mettre en page pour l'insérer dans le journal ou sur le blog de la classe.

Séquence 4 Se nourrir aujourd'hui et au temps des rois

Objectifs

- Prélever des informations dans un texte documentaire.
- À partir de ce texte, mettre en évidence les caractéristiques du texte documentaire que l'on veut produire comportant des phrases commençant par des groupes de mots indiquant le temps ou le lieu, des phrases avec les mots *et, ou, aussi, mais*.
- Se documenter sur le sujet à traiter en puisant des informations dans des documents iconographiques et dans un texte d'époque.
- S'exprimer à l'imparfait.
- Compléter un court texte documentaire syntaxiquement structuré en répondant à des questions et en réinvestissant les acquis portant sur l'énumération.

Matériel

- Texte documentaire : ***Se nourrir aujourd'hui.***
- Reproduction de documents iconographiques d'époque :
  - ***Un marché à la volaille, quai des grands Augustins à Paris,*** vers 1670 ;
  - ***Paysans occupés à tuer le cochon,*** Brueghel le Jeune, après 1616 ;
  - ***Intérieur de cuisine,*** Joachim Beuckelaer, 1566 ;
  - ***Repas de paysans,*** Louis Le Nain, 1593-1648.
- Fiche élève 4.

SÉANCE 1 > Exploiter le texte

Comprendre le texte

- Lire ou faire lire le texte (Lea.fr). Expliciter les mots difficiles en les paraphrasant : *les grandes surfaces, consommer, respecter l'environnement, meilleure qualité*.

Se nourrir aujourd'hui

De nos jours, on peut consommer des produits qui viennent de partout.
Dans les grandes surfaces, ces produits sont frais, en conserve ou surgelés. Il y a aussi des plats préparés. En toute saison, on peut manger des pommes, des fraises, des haricots verts et des tomates, mais il vaut mieux les consommer au moment des récoltes chez nous.
Actuellement, on cherche à respecter l'environnement et à acheter des fruits et des légumes de meilleure qualité, produits sur place.

- Poser quelques questions de compréhension pour mettre en évidence ce que le texte nous apprend :
  - *Que trouve-t-on dans les grandes surfaces à notre époque ?*
  - *Pourquoi vaut-il mieux acheter des fruits et légumes au moment où on les récolte chez nous ?*
- Répondre à ces questions sur la **fiche élève 4**. Rappeler qu'il faut répondre par des phrases structurées en utilisant des mots de la question. Ainsi les réponses à la question 1 devraient comporter des indicateurs de temps et d'espace (réinvestissements de la séquence 3).

Analyser le texte

- Lire le titre. Compter le nombre de parties que comporte le texte, le nombre de phrases dans chaque partie du texte. Constater, dans la phrase d'introduction, la présence d'un indicateur de temps.
- Après l'**activité 2.a** sur la **fiche élève 4**, mettre en évidence l'emploi du mot *aussi* pour compléter une énumération.
- Préciser aux élèves ce qu'ils doivent faire dans l'**activité 2.b**. Lors de la mise en commun, formuler que le mot *mais* est employé pour marquer une opposition entre ce que l'on peut acheter et ce qu'il vaut mieux faire. Rechercher ensuite des exemples dans la vie de la classe pour opposer deux idées dans une même phrase.
  Ex : - *Damien travaille bien, mais il écrit mal.*
  - *Aïcha a apporté son sac de sport, mais elle a oublié son maillot de bain.*

Se préparer à écrire

- Compléter des phrases pour s'entrainer à employer le mot *aussi* dans le cas d'une énumération **(activité 3.a)**.
- Relire la troisième phrase dans la deuxième partie du texte. Constater que le mot *mais* peut être aussi placé en début de phrase pour opposer ce qui est dit dans cette phrase à ce qui était écrit dans la précédente. Faire réaliser l'**activité 3.b** après l'avoir explicitée.
  Lors de la mise en commun, écrire les phrases au tableau, attirer l'attention sur la présence de la majuscule en début de phrase, sur la ponctuation (dont le point en fin de phrase) et l'emploi de *et, ou, aussi, mais*.

SÉANCE 2 > Se documenter

Il s'agit de recueillir des informations sur ***Se nourrir autrefois*** en observant des images d'art à caractère historique. Inviter les élèves à les formuler oralement dans des phrases syntaxiquement correctes et à les reformuler au besoin pour en enrichir le vocabulaire.

Un marché aux volailles

- Projeter le tableau ***Un marché à la volaille, quai des grands Augustins à Paris*** (Lea.fr). Préciser qu'il s'agit d'un décor d'éventail.

- Ce tableau montre un marché aux volailles. Décrire la scène où l'on voit des volailles vivantes, mais aussi des volailles mortes transportées dans des cages sur une charrette ou dans une hotte ou encore dans une hotte sur la tête. Les paysans ont apporté ces volailles de la campagne pour les vendre à la ville. Les femmes portent des coiffes. On aperçoit un porteur d'eau. Indiquer qu'il n'y avait pas l'eau courante dans les maisons, il fallait aller aux fontaines pour avoir de l'eau ou l'acheter aux porteurs d'eau. Un homme et une femme vendent du pain. Distinguer les acheteurs venus faire leur marché. À l'arrière-plan, on reconnait, à leurs vêtements, des gens aisés. Conclure : en ville, on achetait les produits de la campagne sur les marchés.

Préparation du cochon

- Projeter le tableau ***Paysans occupés à tuer le cochon*** (Lea.fr).

- Observer qu'après lui avoir tranché la gorge, on recueille le sang du cochon pour faire du boudin. Remarquer aussi l'eau bouillante pour nettoyer le cochon. On découpe des morceaux. Observer l'homme qui en emporte un. Expliquer que cela pouvait être pour le saler et le conserver dans un saloir, ou pour le sécher à l'air ou le faire cuire. Ajouter que l'on pouvait aussi le fumer dans la cheminée. Remarquer à l'arrière-plan d'autres cochons qui, pour le moment, sont engraissés. Repérer aussi la présence d'une basse-cour. Enfin, à droite, observer une scène de vendanges : on coupe le raisin, un homme vide sa hotte et un autre le jus de raisin dans un tonneau. Conclure que l'on mangeait des animaux qui étaient élevés dans les fermes (porc, volaille…), que pour conserver les aliments, on les salait ou on les fumait.

Un intérieur de cuisine

- Projeter le tableau ***Intérieur de cuisine*** (Lea.fr).

- Indiquer que la scène se déroule probablement dans la cuisine d'un château. Observer le canard colvert posé sur une pile de serviettes, à sa gauche une poule. Remarquer un coq accroché à une poutre. Également suspendu, à gauche du coq, une tranche de saumon et un chaudron. À l'arrière-plan, repérer la grande cheminée. Sur la table, décrire le grand plat rempli de châtaignes sur lesquelles est posé un cuisseau de veau. S'intéresser à la servante, une main posée sur l'anse d'un panier et l'autre sur un chou. Elle semble rentrer du jardin. Dans le panier, un autre chou, des carottes, des cerises et des cornichons. Expliquer qu'à la campagne, on mangeait les légumes du jardin, la volaille du poulailler, la viande de la ferme et le poisson de l'étang ou de la rivière. On mangeait aussi du gibier de la forêt et des châtaignes ramassées dans les bois.

Repas de paysan

- Projeter le tableau ***Repas de paysans*** (Lea.fr).

- Situer la scène à la campagne. Elle donne à voir des paysans, mais de conditions différentes. Certains sont pieds nus (à droite), à gauche l'homme a des chaussures, mais son vêtement est déchiré. La femme à ses côtés est vêtue pauvrement. Seul l'homme au centre parait de condition plus aisée. Du vin a été servi et une miche de pain est posée sur la table. Le décor n'est pas riche et à droite, au second plan, on aperçoit un lit. Cette pièce est peut-être la seule pièce de la maison. Expliquer que dans les familles les plus pauvres, on ne mangeait bien souvent que du pain trempé dans de la soupe avec parfois un morceau de lard.

Récapituler

- Recenser les informations importantes (elles sont soulignées) apprises au cours de la lecture de ces œuvres. Les noter au tableau. Les élèves pourront s'y reporter au cours de l'activité 4 de la fiche élève 4.
- Recenser le vocabulaire : *volaille – cage – hotte – charrette – coiffe – porteur d'eau – produit – saigner – boudin – engraisser – basse-cour – vendage – canard colvert – poutre – chaudron – cuisseau de veau – anse*.

SÉANCE 3 > Rédiger

- Répondre aux questions de l'**activité 4** de la **fiche élève 4** en se reportant aux informations notées au tableau. Demander aux élèves de faire deux phrases pour répondre à la question a en utilisant aussi dans la deuxième phrase.
  Mettre en commun avant de compléter le texte.
  Faire relier la deuxième phrase de la réponse à la question 1 à la réponse à la question 2 en employant *mais*.
- Faire réviser le texte par chacun en demandant de vérifier que les majuscules et les points ont été mis, que les terminaisons de l'imparfait à la troisième personne sont correctes et que les mots *et, ou, aussi* et *mais* ont été employés à bon escient.
- Mettre en commun ensuite pour finaliser le texte.
- Écrire le texte définitif sur une affiche à accrocher dans la classe en regard du texte ***Se nourrir aujourd'hui*** ou l'écrire à l'ordinateur et le mettre en page pour l'insérer dans le journal ou sur le blog de la classe.

Séquence 5 Travailler dans les champs aujourd'hui et au temps des rois

Objectifs

- Prélever des informations dans un texte documentaire.
- À partir de ce texte, mettre en évidence les caractéristiques du texte documentaire que l'on veut produire comportant des phrases commençant par des groupes de mots indiquant le temps ou le lieu, des phrases avec les mots *et, ou, aussi, mais*.
- Se documenter sur le sujet à traiter en puisant des informations dans des documents iconographiques et dans un texte d'époque.
- S'exprimer à l'imparfait.
- Compléter un court texte documentaire syntaxiquement structuré en répondant à des questions et en réinvestissant les acquis portant sur l'énumération.

Matériel

- Texte documentaire : ***Travailler dans les champs aujourd'hui.***
- Reproduction de documents iconographiques d'époque :
  - ***Labour et semailles***, Encyclopédie de Diderot et d'Alembert, 18e siècle ;
  - ***La fenaison***, Peter Brueghel, 1565 ;
  - ***La moisson***, Peter Brueghel, 1565.
- Fiche élève 5.

SÉANCE 1 > Exploiter le texte

Comprendre le texte

- Lire ou faire lire le texte (Lea.fr). Expliciter les mots difficiles en les paraphrasant : *les charrues, les moissonneuses batteuses, le colza, de grandes exploitations agricoles, des agriculteurs*.

Travailler dans les champs aujourd'hui

De nos jours, les travaux des champs sont mécanisés.

Les tracteurs tirent les semoirs, les charrues et des machines arrachent les betteraves. Les moissonneuses batteuses coupent le blé. Elles sont aussi utilisées pour le maïs et le colza. Les agriculteurs cultivent des céréales dans de grandes exploitations agricoles et les rendements sont très importants. Dans certaines régions de France, on élève des bœufs, des moutons ou des volailles.

Autrefois, il y avait beaucoup d'agriculteurs, mais, maintenant, il y a de moins en moins de personnes qui travaillent dans l'agriculture.

- Poser trois questions de compréhension pour dégager du texte trois éléments importants : la mécanisation, le fait que l'on est passé des petites exploitations à la concentration dans de grandes exploitations et le constat qu'il y a de moins en moins d'agriculteurs. Y répondre oralement puis pour les deux premières questions sur la **fiche élève 5 activité 1**.
  - *Comment les travaux des champs sont-ils effectués de nos jours ?*
  - *Où les céréales sont-elles cultivées ?*
  - *Qu'en est-il aujourd'hui des agriculteurs?*

Analyser le texte

- Lire le titre. Compter le nombre de parties que comporte le texte, le nombre de phrases dans chaque partie du texte. Remarquer, dans la phrase d'introduction, la présence d'un indicateur de temps.
- Avec les **activités 2.a-b** de la **fiche élève 5**, renforcer les acquis précédents: emploi des mots *et, aussi, ou* pour les énumérations et l'emploi du mot mais pour marquer une opposition dans une phrase.

Se préparer à écrire

- **Activité 3** sur la **fiche élève 5** : il s'agit de compléter des phrases en réinvestissant les acquis des séquences précédentes.
- Écrire au tableau des noms de légumes que l'on peut trouver au jardin l'été (ex : tomates, salade, carottes, haricots verts) et des noms de fruits que l'on peut acheter au marché à la fin de l'été (ex : des prunes, du raisin, des figues).
- Dans les **activités 3.a** et **3.c**, employer également les indicateurs de temps présents dans les consignes. Lors de la mise en commun, écrire les phrases au tableau, attirer l'attention sur la présence de la majuscule en début de phrase, sur la ponctuation (dont le point en fin de phrase) et l'emploi des indicateurs de temps et de *et, ou, aussi, mais*.

SÉANCE 2 > Se documenter

Il s'agit de recueillir des informations sur ***Travailler dans les champs au temps des rois*** en observant des images d'art à caractère historique. Inviter les élèves à les formuler oralement dans des phrases syntaxiquement correctes et à les reformuler au besoin pour en enrichir le vocabulaire.

Labour et semailles

- Projeter la gravure ***Labour et semailles*** (Lea.fr).

Agriculture, Labourage.

- Appréhender que cette scène se déroule en automne. Découvrir le laboureur au premier plan qui travaille la terre. Observer la charrue tirée par deux chevaux et qui creuse les sillons. Expliquer qu'il s'agit d'un travail très dur. Préciser qu'ensuite la herse tirée par un cheval sert à affiner la terre et à briser les mottes. Ajouter que rouleau est utilisé après pour casser les dernières petites mottes et qu'alors le champ est prêt pour semer le grain. Décrire le geste du semeur.
- Récapituler les différentes étapes du labour aux semailles observées. Rappeler : des chevaux tiraient la charrue, la herse ou le rouleau avant les semailles.

La fenaison

- Projeter le tableau ***La fenaison*** (Lea.fr).

- Décrire le paysage (prairie, collines). Indiquer la saison (printemps) et ajouter que l'on ramasse le foin pour nourrir les bêtes en hiver. Préciser : les prés étaient peu nombreux ; le bétail était rare. Remarquer que l'homme aiguise sa faux. Expliquer que les paysans coupaient le foin à la faux. Au premier plan, à droite, une femme et des hommes, portant des paniers sur la tête, vont s'engager sur un chemin menant au village (et peut-être au marché pour y proposer les produits de leur récolte). Une femme sur un cheval tire une charrette contenant également sa récolte et suit la même direction. À l'opposé, des femmes portant chacune un râteau, se disposent à rejoindre d'autres femmes qui ramènent le foin vers un chariot tiré par deux chevaux. Des hommes y amassent le foin en un immense tas.
- Rappeler : au printemps, les paysans coupaient le foin à la faux.

La moisson

- Projeter le tableau ***La moisson*** (Lea.fr).

- Situer à quel moment se déroule cette scène de moisson (en été). Observer les outils utilisés pour moissonner (faux et faucilles). Préciser : dans les champs, le travail suivait le rythme des saisons et il se faisait à la main. Remarquer les femmes liant les gerbes qui seront entassées en meules pour faire sécher la récolte. Observer à droite l'homme qui dort et le groupe qui déjeune. Ces gens sont épuisés et doivent se reposer. En chercher la raison (travail à la main très fatigant). Scènes en arrière-plan, décrire les femmes qui portent des gerbes de blé vers le chariot. Constater que le blé a bien poussé et que la récolte sera bonne. Expliquer : quand les récoltes étaient mauvaises, c'était la famine et les paysans se révoltaient.

Récapituler

- Recenser les informations importantes (elles sont soulignées) apprises au cours de la lecture de ces œuvres. Les noter au tableau. Les élèves pourront s'y reporter au cours de l'activité 4 de la fiche élève 5.
- Relever le vocabulaire : *labour – labourer – laboureur – charrue – sillon – herse – rouleau – motte – semer – semailles – fenaison – foin – pré – bétail – moisson – moissonner – moissonneur – faux – faucille – à la main – faucher – récolte – récolter – gerbe – meule – chariot – famine – se révolter*.

SÉANCE 3 > Écrire

- Réaliser l'**activité 4** de la **fiche élève 5** en répondant aux questions.
Pour l'**activité 4.a**, répartir les huit questions après avoir constitué deux groupes, répondant chacun à quatre questions en s'appuyant sur les éléments dégagés lors de la phase de documentation et figurant au tableau.
- Mettre en commun ensuite les réponses et les écrire au tableau les unes au-dessous des autres en reformulant si nécessaire, et en insistant sur l'usage des majuscules en début de phrase et sur le point à la fin de chacune.
Puis faire écrire le texte en utilisant le retour à la ligne pour distinguer les trois parties. Les élèves peuvent travailler en binômes, chaque élève écrivant à son tour. L'un se charge de la phrase d'introduction du texte et de la phrase de conclusion, l'autre de la deuxième partie du texte.
Demander aux élèves de réunir les réponses aux questions 5 et 6 en employant le mot *mais* pour opposer ces deux phrases.
- Faire réviser le texte par chacun en demandant de vérifier que les majuscules et les points ont été mis, que les terminaisons de l'imparfait à la troisième personne sont correctes, que les mots *et, ou, aussi* et *mais* ainsi que les indicateurs de temps et d'espace ont été employés à bon escient.
- Mettre en commun ensuite pour finaliser le texte.
- Écrire le texte définitif sur une affiche à accrocher dans la classe en regard du texte ***Travailler dans les champs aujourd'hui*** ou l'écrire à l'ordinateur et le mettre en page pour l'insérer dans le journal ou sur le blog de la classe.

Outils à conserver et afficher dans la classe

Vocabulaire

Se déplacer au temps des rois

un coche d'eau – un carrosse – une carriole – une diligence – une chaise à porteur
tiré(e) par des chevaux – des bœufs – énergie humaine – énergie animale
confortable/inconfortable – bruyant – couteux…

Jouer au temps des rois

les enfants grimpaient – ils faisaient rouler – ils se balançaient – ils berçaient – ils jouaient à – ils faisaient tourner – ils lançaient

des poupées – les osselets – les bulles de savon – des chevaux de bois – des cerceaux – des toupies – des jeux de boules – à saute-mouton – le lancer d'adresse – des échasses – des jeux avec déguisement – le tonneau – la ruelle – le tournoi

Aller à l'école au temps des rois

un pupitre – des tréteaux – le latin – une plume d'oie – un encrier – un fouet – des planchettes – un modèle

Se nourrir au temps des rois

la volaille – une cage – une hotte – une charrette – une coiffe – un porteur d'eau – un produit – saigner – le boudin – engraisser – la basse-cour – les vendanges – un canard colvert – une poutre – un chaudron – un cuisseau de veau – l'anse

Travailler dans les champs au temps des rois

le labour – laboureur – une charrue – un sillon – une herse – un rouleau – une motte – les semailles – la fenaison – le foin – un pré – le bétail – la moisson – le moissonneur – une faux – une faucille – à la main – la récolte – une gerbe – une meule – un charriot – la famine

labourer – semer – moissonner – faucher – récolter – se révolter

NOM : ....
Prénom : ....

Fiche élève 1

1. Réponds aux questions.

a. Qu'utilise-t-on aujourd'hui pour se déplacer ?

....

....

....

....

b. Quels en sont les inconvénients ?

....

2. Observe comment le texte est organisé.

a. Indique le nombre de phrases dans chaque partie du texte.

Partie 1 : ....

Partie 2 : ....

Partie 3 : ....

b. Dans la phrase suivante entoure la ponctuation et souligne le mot de liaison.

Ils utilisent la voiture, l'avion, le train ou le bateau.

c. Recopie l'autre phrase du texte qui contient une énumération.

....

....

3.a. Écris une phrase avec une énumération en utilisant les mots suivants :
le train – on prend –en Italie – l'avion – pour aller – la voiture – ou.

....

....

b. Complète la phrase avec les noms de moyens de transport.

À la campagne, on se promène ....

4.a. Réponds aux questions.

1) Comment se déplaçait-on au temps des rois ?

....

....

2) Quelle énergie était utilisée ?

....

....

b. Avec tes réponses à ces deux questions, écris deux phrases pour compléter le texte suivant.

Se déplacer au temps des rois

Au temps des rois, voyager était une véritable expédition.

....

....

....

Comme les voyages étaient lents et coûteux, peu de personnes pouvaient les entreprendre.

Fiche élève 2

NOM : ....
Prénom : ....

1. Réponds aux questions.

a. À quoi jouent les enfants aujourd'hui ?

....

....

b. En quoi ces jouets sont-ils le plus souvent fabriqués ?

....

2. Observe comment le texte est organisé.

> Depuis toujours, les jeux existent dans tous les pays.
>
> À notre époque, les enfants jouent surtout avec des jeux vidéos sur une console, des petites voitures, des Playmobil, des poupées et des Lego. Mais ils jouent aussi à des jeux de société, ils font du vélo et ils aiment se déguiser avec des panoplies qu'ils achètent. Les jouets sont fabriqués en plastique et parfois, ils viennent d'Asie.
>
> Dans certains pays, les enfants s'amusent avec des jouets qu'ils réalisent eux-mêmes avec du matériel de récupération.

a. Entoure les trois parties du texte avec des couleurs différentes.

b. Entoure les virgules dans chaque partie du texte et souligne le mot de liaison dans chaque énumération.

3. Écris.

a. Complète cette phrase en utilisant l'énumération avec *et*. N'oublie pas les virgules.

À Noël, sa grand-mère a offert à Victor ....

....

....

b. Avec les deux phrases suivantes, écris une seule phrase en utilisant l'énumération avec *et*.

Il construit une fusée.
Il sort sa boite de Lego.

....

....

....

....

....

NOM : ....

Prénom : ....

Fiche élève 2

c. Écris une phrase avec les trois phrases suivantes en respectant la chronologie des actions. N'oublie pas l'énumération avec *et*.

Elle l'habille.
Sophie lève sa poupée.
Elle l'emmène en promenade.

....

....

4.a. Réponds aux questions.

1) À quels jeux les enfants jouaient-ils au temps de rois ?

....

....

2) Comment utilisaient-ils ces jouets ?

....

....

b. Avec tes réponses à ces deux questions, complète le texte suivant.

Jouer au temps des rois

Au temps des rois, certains jeux étaient les mêmes que les nôtres, mais d'autres ont disparu.

....

....

....

....

....

Dans les familles aisées les jouets étaient achetés, mais dans les familles modestes, ils étaient fabriqués par les parents ou par les enfants eux-mêmes.

Fiche élève 3

NOM : ....
Prénom : ....

1. Réponds aux questions.
a. Aujourd'hui, à quel âge l'école est-elle obligatoire ?

....

b. De nos jours, qu'apprennent les enfants en classe ?

....

....

2. Recopie la phrase d'introduction du texte. Souligne en rouge quand se passe ce qui est décrit dans le texte. Souligne en vert où tous les enfants vont à l'école.

....

3.a. Complète chaque phrase avec un indicateur de temps et un indicateur de lieu.

...., nous utilisons des ordinateurs, ...

...., il y a deux récréations, ...

b. Récris les phrases en changeant de place les indicateurs de temps et de lieu.

....

....

4.a. Réponds aux questions.

1) En ville, dans quelles écoles les enfants des familles aisées allaient-ils ?

....

....

2) À la campagne où le maitre faisait-il la classe ?

....

....

3) Qu'apprenaient les élèves ?

....

....

4) Dans les villages de quel mois à quel mois l'école était-elle ouverte ?

....

....

b. Avec tes réponses à ces questions, complète le texte suivant.

Aller à l'école au temps des rois

...., l'école n'était pas obligatoire.

En ville, les enfants des familles aisées allaient .... À la campagne, le maitre faisait l'école .... Les élèves apprenaient ...., ..., ... Dans les villages, l'école était ouverte de .... à .... Le reste du temps, les enfants travaillaient dans les champs.

Beaucoup d'enfants et surtout les filles n'allaient pas à l'école car il fallait payer le maitre.

NOM : ....
Prénom : ....

Fiche élève 4

1. Réponds aux questions.

a. Que trouve-t-on dans les grandes surfaces à notre époque ?

....

....

b. Pourquoi vaut-il mieux acheter des fruits et légumes au moment où on les récolte chez nous ?

....

....

2.a. Relis la deuxième partie du texte. Recopie la deuxième phrase et souligne le mot utilisé pour compléter l'énumération.

....

b. Dans la même partie du texte, recopie la troisième phrase et souligner le petit mot utilisé pour marquer une opposition.

....

....

3.a. Emploie le mot *aussi* et termine chaque énumération.

Dans le réfrigérateur, maman a rangé, les yaourts, les œufs et le jus d'orange. Il y a ....

....

Il y a, dans le panier de pique-nique de Léo, du pain, du jambon, et des cornichons. Léo y a mis ....

b. Complète chacune des phrases suivantes en utilisant le mot *mais*.

Karim aime les fruits ....

La purée est délicieuse ....

4.a. Réponds aux questions.

1) Que mangeait-on à la campagne ?

....

....

2) Mais que mangeait-on surtout dans les familles pauvres ?

....

....

Fiche élève 4

NOM : ....

Prénom : ....

3) En ville, où les gens aisés achetaient-ils les produits de la campagne ?

....

....

4) Que mangeaient-ils ?

....

....

4.b. Avec tes réponses à ces questions, complète le texte suivant.

Se nourrir au temps des rois

Au temps des rois, on se nourrissait avec ce que l'on produisait sur place.

À la campagne,..

.... En ville,

....

....

Avec les voyages en Orient et en Amérique, la nourriture s'est enrichie. On a découvert la tomate, la pomme de terre, l'artichaut, les haricots, la fraise et le chocolat.

NOM : ....

Prénom : ....

Fiche élève 5

1. Réponds aux questions.

a. Comment les travaux des champs sont-ils effectués de nos jours ?

....

b. Où les céréales sont-elles cultivées ?

....

2.a. Lis les phrases suivantes et entoure les mots utilisés dans l'énumération.

Les moissonneuses batteuses coupent le blé. Elles sont aussi utilisées pour le maïs et le colza.

b. Recopie la phrase du texte où un autre petit mot est utilisé pour écrire une énumération. Entoure ce mot.

....

3. Complète les phrases suivantes.

a. En employant le mot *et*, écris une phrase pour énumérer trois sortes de légumes que l'on peut trouver au jardin en été. Indique dans cette phrase le nom de la saison.

...., on trouve au jardin ....

....

b. Complète maintenant cette énumération avec une autre phrase en employant le mot *aussi* et en citant une autre sorte de légume.

Il y a ....

c. Indique par une énumération avec *ou* ce que l'on peut acheter au marché à la fin de l'été.

Au marché, on peut acheter ....

....

d. Écris une phrase comportant le mot *mais* pour marquer une opposition en reliant les deux phrases suivantes.

Au mois de juin, Paul cueille des fraises dans son jardin pour sa famille.
Il n'en mangera pas car il déteste ce fruit.

....

....

....

....

....

Fiche élève 5

NOM : ....
Prénom : ....

4.a. Réponds aux questions.

1) À l'époque des rois, quel rythme suivait le travail dans les champs et comment se faisait-il ?

....

....

2) Que faisaient les paysans au printemps ?

....

....

3) Que faisaient-ils en été ?

....

....

4) Que faisaient les chevaux en automne ?

....

5) Que cultivaient surtout les paysans ?

....

6) Comment étaient les prés et le bétail ?

....

....

7) Que se passait-il quand la récolte était mauvaise et que faisaient les paysans ?

....

....

b. En utilisant ces réponses, écris un texte documentaire sur les travaux des champs au temps des rois en trois parties et avec un titre.

....

....

....

....

....

....

....

....

Crédits photographiques et illustrations :

Séquence 1 : p. 16 : © Didier Jeunesse, Martine Bourre, *Un grand cerf*, 2008 ; p. 17 : © Delphine Picot ; p. 20 de g. à d. et de h. en b. : © Adobestock – Mpc92 ; © Adobestock – sv_production ; © Adobestock – Mariusz Blach ; © Adobestock – Shchipkova Elena ; © Adobestock – Éric Isselée ; © Shutterstock – nattanan726 ; © Shutterstock – Éric Isselée ; © Adobestock – Eric Isselée ; © Shutterstock – Iakov Filimonov - **Séquence 2 :** p. 23 de h. en b. : © Shutterstock – Iakov Filimonov ; © Shutterstock – Iakov Filimonov ; p. 24 de g. à d. et de h. en b. : © Adobestock – jimcumming88 ; © Adobestock – zanarinilara ; © Adobestock – okinawakasawa ; © Adobestock – Jakub Krechowicz ; p. 25 de g. à d. : © Adobestock – Eric Isselée ; © Adobestock – jimcumming88 ; © Shutterstock – Irin-k ; p. 26 de h. en b. : © Shutterstock – Iakov Filimonov ; © Shutterstock – Iakov Filimonov ; p. 27 de h. en b. : © Adobestock – Éric Isselée ; © Adobestock – atomoids ; p. 28 de h. en b. : © Adobestock – Eric Isselée ; © Adobestock – voren1 ; p. 29 de h. en b. : © Adobestock – zanarinilara ; © Adobestock – ntrPictures - **Séquence 3 :** p. 31 : © Shutterstock – GraphicsRF ; p. 32 : © Shutterstock – Lyudmyla Kharlamova ; p. 33 : BIS / Ph. G. Tomsich © Archives Larbor ; p. 34 de h. en b. : BIS / Ph. Coll. Archives Sejer ; © Shultersctok – Anna Pakutina ; p. 35 : © D.R. ; p. 36 : © Shutterstock – GraphicsRF ; p. 37 et 38 : © Shutterstock – Lyudmyla Kharlamova ; p. 39 : © D. R. - **Séquence 4 :** p. 41 à 43 et 45 à 49 : © François Dimberton - **Séquence 5 :** p. 53 et 58 à 61 : © Claire Thibon - Séquence 6 : p. 65 et 66, 69 à 72 : © Françoise Picot - **Séquence 7 :** p. 79, 80, 82 ; © Yannick Thomé - **Séquence 9 :** p. 93 et 96 : *Portrait des époux Arnolfini*, Van Eyck, 1434, BIS / Ph. E. Tweedy © Archive Larbor ; p. 94 et 97 : © Adobestock – 3nko ; p. 95 et 99 : © Adobestock – canbedone - **Séquence 10 :** p. 101 et 105 de h. en b. : © Adobestock – jimcumming88 ; © Adobestock – johan10 ; p. 110 : © Adobestock – Erni ; p. 111 : © Adobestock – Eric Isselée - **Séquence 12 :** p. 121 : © Studio Boule & Bill, 2017 **Projet 1 :** p. 139 à 141 : © D.R. ; p. 142 de g. à d. : © Shutterstock – Paolo Gallo ; Une équipe de gymnastes des célèbres acrobates de Shanghai exécutant un saut pour les touristes, le 28 November 2011 à Shanghai, Chine © Shutterstock – CHEN WS ; Ballet « Le songe d'une nuit d'été » au théâtre Mariinsky, lors du « Golden Mask contest » à Moscou, Russie le 31 mars 2013 © Shutterstock – Sergey Petrov ; © ShutterStock – d13 ; p. 143 : © D.R. ; p. 144 de h. en b. : © D.R. ; valise © Adobestock – Stock Creative ; p. 145 : © D.R. ; p. 146 : de h. en b. : trou de fourmilion © Adobestock – Vagengeym ; fourmis © Adobestock – Anterovium ; © D.R. ; p. 147 de h. en b. : © D.R. ; trou de fourmilion © Adobestock – Vagengeym - **Projet 3 :** p. 172 de h. en b. : *La Samaritaine et le Pont neuf à Paris*, Nicolas-Jean-Baptiste Raguenet, XVIIIe s., BIS / Ph. © Archives Nathan ; p. 173 de h. en b. : *Une route*, Jean-Louis Demarne, 1814, BIS / Ph. Hubert Josse © Archives Larbor ; Un coche d'eau au XVIIe siècle : © collection Dagli Orti/Aurimages ; p. 176 : *Les jeux d'enfants*, Pierre Brueghel, 1560 © leemage.com ; p. 177 : *Le déjeuner*, François Boucher, 1739, BIS © Archives Larbor ; p. 180 de h. en b. : *Le maitre d'école*, Abraham Bosse, 1602-1676, BIS/Ph. © Coll. Archives Bordas ; *Le maître d'école*, Adriaen van Ostade (1610-1684), BIS / Ph. © Archives Nathan ; p. 183 : *Un marché au pain et à la volaille, quai des grands Augustins à Paris*, vers 1670, BIS / Ph. © Archives Nathan ; p. 184 de h. en b. : *Paysans occupés à tuer le cochon*, tableau de Pieter Brueghel le Jeune, après 1616 ; *Intérieur de cuisine*, Joachim Beuckelaer,1566, Musée du Louvre © bridgemanart.com ; p. 185 : *Repas de paysans*, Louis Le Nain, 1600-1699, BIS © Archives Larbor ; p. 187 : *Labour et semailles*, Encyclopédie de Diderot et d'Alembert, 18e siècle, BIS / Ph. Michel Didier © Archives Larbor ; p. 188 de h. en b. : *La fenaison*, Peter Bruegel 1565 © Photo Josse / Leemage ; La fenaison, Peter Bruegel 1565 © D.R.

Imprimé en France par SEPEC en mai 2018
N° d'éditeur : 10241460
Impression : 06601180501